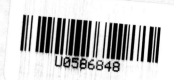

◆ 北京联合大学学术著作出版基金资助

旅游发展测度体系及实证研究

荆艳峰◎著

知识产权出版社
全国百佳图书出版单位

图书在版编目（CIP）数据

旅游发展测度体系及实证研究/荆艳峰著. —北京：知识产权出版社，2017.9

ISBN 978-7-5130-5133-0

Ⅰ.①旅… Ⅱ.①荆… Ⅲ.①旅游业发展—测度（数学）—研究 Ⅳ.①F590.3

中国版本图书馆 CIP 数据核字（2017）第 223022 号

内容提要

旅游科学测度是旅游科学决策的前提。本书从理论上基于对旅游本质和构成要素的挖掘、基于旅游利益相关者与自然和社会关系的辨析、基于旅游发展路径依赖问题的探索，论述了“全面、协调、可持续”的“旅游科学发展理论”，并探讨规制目标。在实证方面，从“产业提升”“市场培育”和“环境包容”角度分别构建结构方程模型（SEM），利用 IBM SPSS 21 和 IBM SPSS AMOS 20 软件计算旅游发展指数（TDI）、检视区域发展协调度，并验证旅游发展与要素禀赋、人口社会、环境包容的直接和间接效应。最后，据此提出规制建议。

责任编辑：蔡 虹 韩 冰　　　　**责任出版**：孙婷婷

旅游发展测度体系及实证研究

荆艳峰 著

出版发行：知识产权出版社有限责任公司　网　址：http：//www.ipph.cn
社　址：北京市海淀区气象路 50 号院　邮　编：100081
责编电话：010-82000860 转 8126　责编邮箱：hanbing@cnipr.com
发行电话：010-82000860 转 8101/8102　发行传真：010-82000893/82005070/82000270
印　刷：北京中献拓方科技发展有限公司　经　销：各大网上书店、新华书店及相关专业书店
开　本：787mm×1092mm 1/16　印　张：11.5
版　次：2017 年 9 月第 1 版　印　次：2017 年 9 月第 1 次印刷
字　数：170 千字　定　价：38.00 元

ISBN 978-7-5130-5133-0

摘 要

建立旅游发展测度体系是一项必要的工作。2009 年，国务院将旅游业定位为“战略性支柱产业”和“人民群众更加满意的现代服务业”；2013 年年初，《国民旅游休闲纲要》颁布实施；同年 4 月 25 日，全国人大常委会通过《中华人民共和国旅游法》。发展旅游业既是“国计”，也是“民生”。“政府主导”的旅游发展模式决定了规制的必要性。旅游科学测度是旅游科学决策的前提。

本书主要内容分为理论与实证两部分。在理论部分：（1）分析目前旅游业爆发增长形势下的“市场失灵”和“规制失灵”问题，论证研究规制理论与信息工具的必要性；（2）基于对旅游本质和构成要素的挖掘、对旅游利益相关者与自然和社会关系的辨析以及对旅游发展路径依赖问题的探索，论述了“全面、协调、可持续”的“旅游科学发展理论”，探讨规制目标，初筛相关指标。在实证部分，基于规制理论与目标的指导，研究视角逐步扩展：（1）从“产业提升”角度衡量“旅游核心产业”的地位、规模与效益；（2）从“市场培育”角度衡量“旅游特征产业”的要素供给、旅游需求、人口与社会文明程度的支撑；（3）从“环境包容”角度衡量“泛旅游”活动的环境容量限制。分别构建结构方程模型（SEM），利用 IBM SPSS 21 和 IBM SPSS AMOS 20 软件计算旅游发展指数（TDI）、检视区域发展协调度，并验证旅游发展与要素禀赋、人口社会、环境包容的直接和间接效应。最后，据此提出规制建议。

书中量化分析了旅游发展指数、影响旅游发展的人口社会指数、产业支撑指数和环境包容指数。结论如下：(1) 从“以人为本”的角度看旅游发展，公益性质应高于产业定位；(2) 旅游并非环境友好行为，发展旅游应改变目前的规模扩张路径，在不增加环境承载的基础上依靠调整结构、提高效益、满意游客实现质的提升；(3) 旅游公共资源产权和旅游利益相关者的责权利急需法理界定，确保旅游公共资源的公益性质，保护全体社会成员正当的旅游权和收益权，限制授权垄断经营对公共福利的损害；(4) 旅游发展的区域差异集中体现在后进地区落差大，经济、人口和社会发展程度悬殊是制约旅游区域协调的主因，应加大财政、税收等扶持力度，减少旅游发展的“马太效应”;(5) 公共管理者应树立正确的政绩观，将“建设人民群众更加满意的现代服务业”作为工作宗旨和出发点，提供更多旅游公共产品与服务；(6) 提倡公民绿色出行，降低旅游碳排放，实现环境影响最小化。

本书以发展观为理论指导，结构方程模型为技术手段，SPSS 和 AMOS 软件为分析工具，以旅游规制为主线。创新体现在：(1) 探讨旅游科学发展理论；(2) 创建路径系数、变异系数和信息异质系数的“客观组合赋权”方法；(3) 构造旅游发展指数（TDI），利用结构方程模型科学测度旅游发展与人口社会、特征产业支撑和环境包容的相互制约与影响。

ABSTRACT

It is fundamental to develop a Measurement System of Tourism. In 2009, tourism industry was positioned to be the "strategic pillar industry of the state" and "the more satisfied modern service industry". In early 2013, "The National Tourism Leisure Outline" and the "Tourism Act" were issued. Development of Tourism is not only "the national planning", but also concern to "the people's livelihood". The government – oriented type in tourism development makes it nessesary to exercise the public power regulation. To choose the monitoring system matching the regulation target is the premise of scientific decision – making.

The content of this paper: In the theoretical part, (1) Based on the tourism development theoretical and the target guidance, research perspectives extent successively. Firstly, proposed the outbreak of the tourism growth, the mess, and the "market failure" and "regulatory failure" problem, demonstrates the necessary of regulation and the necessary of developing the regulation theory and regulation tools. (2) Based on the relationship among the human, nature and the social development, based on the nature and the elements of tourism, based on path of tourism development, discuss the "comprehensive, coordinated and sustainable development" of "Tourism Scientific Development Theory", explore the tourism regulation target, screen the tourism – related indicators to match the target. In the empirical part, construct the structural equation model (SEM) respectively from the perspective of "industry", "market" and "environmental capacity", use SPSS and AMOS software to analysis, calculate the Tourism

Development Index (TDI), and examine the direct and indirect effects of social development, population, and environmental containing on tourism. Finally, put forward the regulation proposal accordingly.

The papercalculates the TDI, Population and Social Index, Character Industry Support Index, and Environmental Tolerance Index. Conclusions are: (1) From the perspective of "people - oriented" tourism development view, the public welfare nature should be more important than the "strategic pillar industry" position. (2) Travel is not the environment - friendly behavior, the development should be based on the structure - changing, improve efficiency and visitors satisfaction, other than based on the scale expansion. (3) It is in need of definition the public resources property and combining of duty, right and interests of tourism stakeholders by Legal. to ensure the commonweal nature of public resources, protect the legitimate right of tourism and the right of remuneration, restricts authorized monopoly to damage the public welfare. (4) The regional difference of tourism development is large enough to be attetioned. The main reason is the gap of the economy, population and society between the developed areas and the less developed areas. Fiscal, tax and other support policy should be set to reduce the "Matthew effect" of tourism development. (5) Public managers should set up a correct achievement view, look the "building the more satisfied modern service industry" as the working principle and the starting point. (6) Advocate the "green travel", reduce carbon emissions, minimizing environmental impact.

In this book, the theoretical guidance is the Scientific Development Theory, the technology is Structural Equation Model (SEM), and the software is the IBM SPSS, AMOS, the main line is tourism regulation.

The innovations are: (1) To explore the scientific development theory in tourism development. (2) Try to use "path coefficient", "variation coefficient" and "coefficient of heterogeneous information" to innovate the new method of objective weight. (3) Attempts to measure the Tourism Development Index from the "industry", "market" and "environment containing" view perspectively.

CONTENTS
目 录

1 绪 论

本章主要围绕“旅游发展测度体系”这一主题，阐述选题背景、研究对象、研究问题及主要内容、研究的理论和现实意义，并介绍本书拟采用的研究方法、研究思路与技术路线，说明可能的创新。

1.1 选题背景

旅游业是战略性支柱产业，发展前景良好。伴随着旅游业的快速发展，出现了不少市场乱象，也暴露出管理方面的一些不足。旅游发展需要规制，而科学规制需要理论方法和信息工具。

旅游测度体系目前尚不健全。我国旅游业已有一套较为规范的统计方法和体系，但由于旅游是一项“需求”性的活动，无法在以“供给”角度和“投入产出”角度为主的国民账户体系（SNA）中体现自身的存在和价值。国家旅游局发布的旅游统计数据仅仅是从“产业”角度考察旅游发展状况的，忽略了旅游活动背后的经济发展程度、社会综合事业及社会保障的成熟度、人的发展和环境包容能力的条件限制等问题。虽然我国已有部分省市开展了旅游卫星账户（TSA）的研究和实践活动（即把国民账户体系中所有体现旅游业产出的经济活动抽离出来，集合到一起，作为国民账户的卫星账户存在，反映旅游业的国民经济贡献），但这项工程巨大烦琐，且各地口径不一致，多数地区甚至还没有进行这项活动，且以衡量经济贡献为主，无法在全国“统一计量平台”的基础上就旅游发展的“全视角”进行宏观监测和相互比较。

本书试图将国家统计局的国民账户体系和国家旅游局的旅游统计体系相结合，将旅游活动置身于国民经济、社会、生态发展的全视角中，探讨旅游科学发展所需要的条件、旅游活动与社会发展和生态环境的相互影响问题，拟建立旅游科学发展理论，在计量技术可能达到的基础上，遴选较为合理的指标，构建衡量旅游发展的测度体系，并探讨旅游发展与经济、社会、人口、生态支撑体系的关系。

1.1.1 旅游产业发展背景——战略性支柱产业的发展难题

旅游业是世界各国普遍重视的产业。目前，来自世界旅游组织（World Tourism Organization，WTO）的数据显示，旅游业在全球GDP中的贡献率约为5%，已成为120个国家和地区的支柱性产业，在各国国民经济中占据重要地位，并有相关配套政策作为发展保障。在我国，旅游直接从业人员超过1350万人，大约8000万人从事与旅游相关的工作，与旅游关系密切的产业和部门超过110个。2011年，中国旅游业总收入为22500亿元人民币，在国内生产总值（GDP）中所占的比重为4.77%，并保持9%以上的增长速度。

1.1.1.1 产业规模——世界第一大产业

从产业规模看，自1994年以来，全球旅游规模不断增大，旅游业已经成为世界上最大的产业。根据世界旅游组织（WTO）相关数据显示，国际旅游收入在1994年的全球总出口收入中已经占据了8.25%，超过石油、汽车和机电出口比例。另据世界旅游协会预测，2010—2020年，预计全球旅游经济年均增长4.4%，国际旅游从业人员及国际旅游收入年均增长4.3%和6.7%。预计到2020年，全球旅游业收入将增加到16万亿美元，约占全球GDP总量的10%。旅游业将为社会提供3亿个工作岗位，占全球就业总人数的9.2%，从而进一步巩固其作为世界第一大产业的地位❶。

1.1.1.2 产业定位——国家战略性支柱产业

从产业定位看，我国旅游业的发展已被提升到国家战略层面。旅游业是“永远的朝阳产业”（孙尚清，1980）、“动力产业”（陈南江，2003）、无烟产业，也是一个带动力强的社会综合性产业。在扩大内需、促进消费、带动就业、转变经济增长方式、调整产业结构、统筹城乡经济、实现可持续发展和对外形象展示中具有积极和广泛的经济意义和社会意义。世界旅游组织的研究表明，旅游企业每1美元的直接收入能带动4.3美元相关行业的收入；旅游部门每1个就业机会能带动全社会5个就业岗位的增加。特别是在老工业基地转型、资源枯竭型城市产业结构调整、欠发达的民族地区和边境地区的发展中，旅游业应作为主导产业优先发展❷。近年来，旅游业逐渐受到各级政府的高度重视。2009年12月，国务院将旅游业定位为“战略性支柱产业”和“人民群众更加满意的现代服务业”。在此背景下，旅游业的经济主导作用受到各级部门的重视，目前全国已有26个省（自治区和直辖市）将旅游业定位为支柱产业，其中，17个省（自治区和直辖市）将旅游业定位为“战略性支柱产业”，并制定相关的发展规划和行动落实计划。

1.1.1.3 政策效应——产业爆发式增长

从政策效应看，2009年国务院《关于加快发展旅游业的意见》出台后，旅游产业在系列政策支持下，进入高速成长阶段。旅游业总收入年增速由2008年的4%快速提升到2010年的21.7%。较高的增长一方面归因于基数低，另一方面可以折射来自旅游需求的强劲增长和政策支持的力度加大。

---

❶ 中共北京市委研究室，北京市旅游局．旅游产业作为世界第一大产业发展状况研究［EB/OL］．［2010－05－28］．http：//www. china. com. cn/travel/txt/2010－05/28/content_ 20138027. htm.

❷ 陈南江．以新的产业观和科学发展观指导旅游业发展［EB/OL］．［2009－02－05］．http：//www. cotsa. com/u/chennanjiang/Blog/t－317.

之后，系列政策文件不断出台。2010 年 7 月国务院办公厅发布通知，落实 39 个国家部门联动发展旅游，标志着旅游业迎来前所未有的发展机遇。之后，关于红色旅游、旅游业促进就业、乡村旅游发展等一系列战略逐步实施。2013 年始，国务院发布《国民旅游休闲纲要》。全国人大先后两次审议《旅游法（草案）》，并于 2013 年 4 月 25 日通过并发布。旅游业成为扩内需、调结构、促增长、惠民生的重要力量，产业地位取得重大突破，全面融入国家战略体系。

1.1.1.4　*发展现象——市场失灵和规制失灵*

从现象上看，在爆发式增长的背后，旅游发展也存在着“市场失灵”和“规制失灵”的问题。旅游业借助于政策定位及扶持，逐渐成为地方政府越来越倚重的产业。但是，由于传统 GDP 导向政绩观思维的影响、对旅游发展认识的偏差，加上旅游经营模式与营销的逐利性，在旅游行政监管机制尚不完善、多部门联合执法机制尚不协调的环境里，催生出很多噪声与乱象，严重干扰了市场秩序，危害了游客与当地居民的福祉与利益。

发展乱象具体表现在：在不正确的发展思想引导下，旅游成了“圈钱”（招商引资）的“幌子”，部分企业“圈地”（旅游项目投资）的“法子”，文化、民俗、宗教旅游“圈人”（讲堂游戏、民俗体验、算命燃香）的“引子”。出现了公共资源的人为剥夺与垄断经营（开发景区与大型旅游地产项目占用）、景区过度开发与掠夺性开发（破坏古建筑、自然风貌和原生文化）、忽视环境容量（景区过度拥挤、污染与文物过度损耗）等人与自然的不和谐现象；出现了旅游扰民（旅游地产征地大规模迁民、旅游开发对当地居民生活造成干扰）、利益分配机制失衡（农民征地补偿不合理、就业投资排除在旅游项目之外、不能分享开发成果等）、文化歪曲与文化冲击（盲目仿古、文化庸俗化与异化、披着宗教外衣搞迷信和招摇撞骗活动、民风损害）、服务欠缺（旺季过度拥挤、淡季服务不周）、欺客宰客（无证经营、无证导游、诱骗游客、强迫消费、牟取暴利、回扣、非法一日游、零团费负团费、门票价格奇高）、恶性竞争（企业价格战和口水战、投资过热、名人故里之争）等人与人之间的不和谐现象。在产业联动中，也形成了旅游业游离式发展的现象（忽视产业联动与区域合作），造成东部与中西部旅游发展水平（旅游经济总量、旅游基础设施、旅游接待水平、旅游发展理念、旅游产业素质）差距加大的不和谐现象。行业安全方面，交通事故、机械故障、社会治安、自然灾害也影响了旅游质量。

这些乱象可以归因于“市场失灵”和“规制失灵”。“市场失灵”体现在不能综合平衡和稳定协调发展、垄断与市场机制扭曲、市场无力组织公共产品供给、无法补偿和纠正经济外部性、分配不公与两极分化等问题上，说明市场机制的缺陷急需政府干预；“规制失灵”体现在价格、生态、不公平竞争、行业监管等领域的无效干预及土地、金融、投资促进等领域的过度干预等问题上，说明规制理论与规制工具需要创新。

快速发展伴随乱象丛生是起飞阶段的特征。乱象背后透露着“市场缺失”和政府的“有限理性”及“有限信息”。政府“有限理性”部分源于缺少旅游科学发展理论的指引，而“有限信息”则部分源于缺乏对于旅游发展情况的整体衡量和评估，缺少规制工具和规制手段，影响了政府对旅游发展的政策有效性。

旅游科学发展需要思想指导和规制工具。认清旅游本质和旅游之于人的意义是基础，厘清发展的目的是前提，完善旅游科学发展理论是引导，建立全面科学的测度体系是工具，政策分类指导是保障。

旅游发展对测度体系提出要求。旅游不只是经济产业，更是人的全面发展的基本需求。旅游科学发展不只要强调“战略性支柱产业”的定位，更要强调“人民群众更加满意的现代服务业”的定位。测度体系不仅要衡量旅游核心产业（景区、住宿业和旅行社）的规模、效益与贡献，还需要衡量旅游特征产业（商业、餐饮、娱乐、交通、文化、市政）的支持，以及旅游消费环境的质量与水平、人口素质与环境包容的限制等问题，更需要衡量相对于投入与消耗而言，旅游对“人”的尊重和理解的实现效率。

1.1.2 理论背景——发展经济学、规制经济学与科学发展观

哲学中“发展（Development）”的概念一般是指“事物由小到大、由简及繁、由初级到高级、由旧事物到新事物的运动变化过程”。发展观是在发展过程中对发展方向和路径的整体的、系统的观点。

1.1.2.1 发展经济学理论背景

发展观决定了经济总体战略和社会发展模式，对旅游业科学发展的实践具有方法论上的指导意义。发展经济学是发展中国家的政治经济学。在人类发展的不同历史时期，社会主要矛盾不同，发展观也不断进行思想创新，先后经历了从简单到系统再到人本化的思维演变，分为单极增长的发展观、协调发展观、可持续发展观、以人为中心的发展观四个阶段。思考从“发展即经济增长”—“发展=经济增长+社会制度变革”—“可持续发展是人口、经济、社会、环境和资源相互协调的过程”—“人的发展重于物的发展”，体现了人类思维的深化、系统化和人本化。

发展经济学思维不断深化。自第二次世界大战后，先后经历了结构主义的“计划至关重要”、新古典主义的“市场至关重要”和新古典主义政治经济学思路的“制度至关重要”三个主要阶段。1990年以来，发展经济学家们普遍认为“过分强调市场而忽视了非经济因素的影响造成了发展中国家的制约瓶颈”。D. 亨特认为有必要走出经济这一“纯洁的堡垒”，强调非经济因素（社会、政治、文化、道德等）的影响，提出了“成长”和“发展”的目标选择和政策变化，用普遍联系的观点思考发展问题，提出了更为切合实际的主张。

1.1.2.2 规制经济学理论背景

旅游的“政府主导模式”决定了“旅游规制”的必要性。在旅

游发展过程中，为保证集中力量迅速崛起和充分发挥后发优势，发展中国家普遍采用“政府主导模式”。我国改革开放后，旅游业从无到有，到如今成为世界旅游大国，“政府主导”起了相当重要的作用。市场失灵是规制经济学的前提。规制经济学对政府规制活动进行了系统研究。主要分为两个派别：规范分析和实证分析。规范分析构筑在价值判断基础上，而实证分析注重通过数据分析评判规制效果。

1.1.2.3 科学发展观理论背景

科学发展观为旅游业的发展提供了强大的思想动力。科学发展观是“以人为本”发展观在中国具体实践中的思想创新。科学发展观强调“发展”是第一要义，“发展”应是建立在“以人为本”基础之上的“全面、协调、可持续发展”。科学发展观源于马克思主义的基本原则和指导思想，是对具体实践在方法论上的理论创新。

1.1.3 技术背景——综合评价技术、统计方法与计量软件结合

综合评价技术、统计方法与计量软件的综合运用，可以拓展研究视角，对本书分析旅游科学发展测度问题提供强大的技术支持。

1.1.3.1 综合评价方法在旅游测度中的应用

综合评价是将多个指标纳入指标体系进行计算，对拟评价对象进行多角度考量的评价方法，被称为多元评价方法。目前旅游研究中，经常使用的综合评价方法包括主成分分析法、因子分析法、层次分析法、数据包络分析法、模糊综合评价方法等。

1.1.3.2 统计学方法

统计方法是基于数量经济和统计学原理，对社会经济现象进行的计量关系分析。应用统计方法可以对社会现象的规模、速度、比例、关联等进行计量描述。统计方法中的变异分析法、结构分析法、因子分析法、相关分析法等可以为旅游研究提供信息的处理和指导。

1.1.3.3 计量软件

社会科学常用的计量软件有 Excel、SPSS、AMOS、MATLAB 和 EVIEWS。

SPSS（Statistical Product and Service Solutions）也称“统计产品与服务解决方案”，是最常用的社会科学统计软件。除了较强的数据清理能力之外，在相关分析、因子和主成分分析、聚类分析、时间序列和非参数检验等方面的功能优势突出。

AMOS（Analysis of Moment Structure）也称矩结构分析，是一个专业的结构方程模型（SEM）软件，可以借助 SPSS 软件的数据清理功能实现方差、协方差、假设检验分析。AMOS 应用程序所提供的贝叶斯和自抽样方法，对于小样本研究具有良好的稳定性。用图形方式建立结构方程模型（SEM）的方法操作简单，结构方程检验指标也较为丰富。

1.1.4 研究假设

“旅游的科学发展理论”可以弥补政府规制中的“有限理性”。“测度模型及分析”可以弥补政府规制中的“有限信息”。有了理论指引和测度工具及分析结果，可以为政府对旅游发展的有效规制起到良好的助益作用，用以发现和弥补市场缺陷，使旅游实现全面、协调、可持续发展。

1.2 研究对象、问题及意义

1.2.1 研究对象的界定

1.2.1.1 研究对象是“旅游”测度体系而不是“旅游业”测度体系

“旅游”与“旅游业”之间是主从关系。“旅游”是人的自发需求，“旅游业”是帮助人实现旅游需求的产业，二者存在明确的

“主辅关系”。忽略甚至颠倒这种关系就会形成旅游发展的不科学。“旅游”发展不是以“旅游业”的经济和就业功能为主导的，更应是一项人的全面发展与社会全面进步相统一的系统工程。仅从产业角度看旅游，容易陷入功利化和工具化思维，容易忽视对“以人为本”的关照。仅从市场供求看旅游，容易忽视人类旅游活动对社会与生态环境的影响，造成不良的行为轨迹。

1.2.1.2　研究对象是旅游的“发展”而不是“增长”

发展不同于增长。旅游发展是规模数量增长基础之上的效益增长、结构完善、质量提升与满意度增加。

增长优先和规模扩张的旅游发展思路会造成环境破坏，单纯的逐利投机行为容易造成声誉损失，加上管理上的暗箱操作和寻租泛滥，容易产生社会资源的极大浪费和恶性循环。

“发展”强调整个社会的整合与协调，以产业素质提升为方向，注重提高质量和结构优化，注重持续增长和协调创新，注重旅游与人口、社会、环境、文化的协调发展，确保长远利益。区分“增长”和“发展”是界定本书研究对象的基本工作。

1.2.2　研究问题及内容

1.2.2.1　旅游科学发展理论体系

本书理论部分拟建立旅游科学发展理论（第7章），具体包括“旅游全面发展理论”（第4章）、“旅游协调发展理论”（第5章）和“旅游可持续发展理论”（第6章）三个方面，并探讨在此理论下的旅游规制目标。

旅游全面发展理论。“以人文本”、旅游本质二重性和旅游发展三要素构成“旅游全面发展”的理论基点。“人”是旅游科学发展的思维起点。旅游发展成果应惠及全体人民。只有从旅游本质、旅游之于人的自我实现等实际需求出发，产业致力于帮助人们实现这些内在、外在的需求，生产和提供合适的旅游产品和服务，才能达到“人”的满意，产业才能健康发展。旅游发展是建立在人的全面发展、产业素质提升和社会全面进步基础上的。

旅游协调发展理论。旅游是一项复杂的综合性活动，旅游科学发展的出发点就是了解各利益相关者的诉求及相互关系，在他们之间建立一种平衡、协调的利益分享机制。此外，旅游发展还必须协调好各利益相关者之间的关系与行为，在“人与人”“人与自然”“人与社会”之间建立和谐的相互关系。这其中，“人”是协调各种关系的结点。

旅游可持续发展理论。旅游的可持续发展需要资源环境和经济社会发展惯性双方面的条件。旅游需要在环境和生态包容的框架下，以一定的社会发展潜力和发展动量（规模基础上的速度）作为支撑。

旅游的科学发展理论体系构造见图1－1。

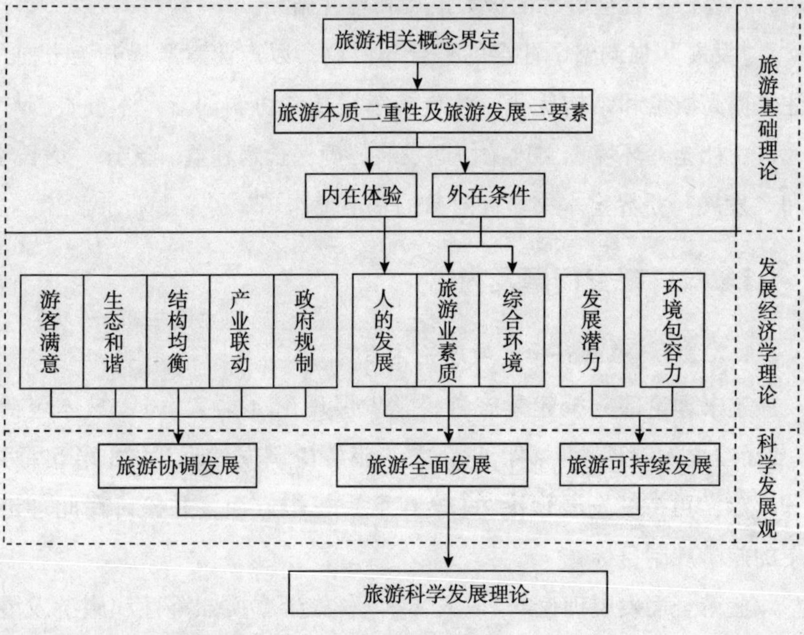

图1－1　“旅游科学发展理论”构造示意图

1.2.2.2　构建旅游科学发展测度体系

本书实证部分的研究角度是产业—市场—环境容量，视角逐渐扩大（见图1－2）。

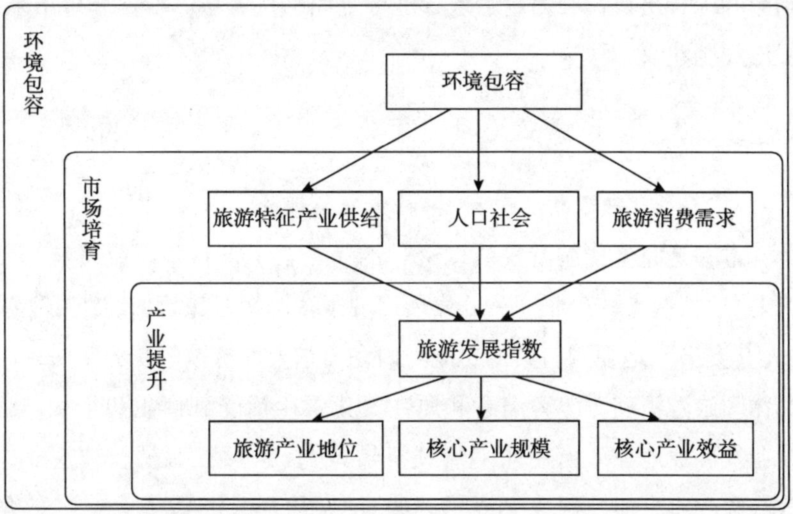

图1－2　旅游发展测度体系实证研究的视阈框架

具体研究过程概述如下：

首先，聚焦“产业提升”层面，基于旅游全面发展理论，研究以旅游核心产业（旅游景区、住宿接待和旅游企业）为主的旅游发展指数（TDI－1）模型。基于数据可得性，通过定性方法和定量方法筛选指标，构建二阶的验证性因子结构方程，计算路径系数作为赋权基础，检验模型拟合度。同时配合使用变异系数原理和信息异质性原理，构建复合权重，编制旅游发展指数（TDI－1）。

其次，将视阈扩大到“市场培育”体系中，基于全面发展和协调发展理论，考虑旅游发展指数（TDI－2）在旅游特征产业（餐饮、交通、文化、娱乐、商业）供给、市场消费能力与社会综合环境支撑下的匹配关系。

最后，在以上模型基础上，将“泛旅游”活动视野置于“环境包容”限制之下，同时应用全面、协调、可持续发展理论，构建“旅游科学发展体系”（TSD－E）模型，探讨旅游发展指数（TDI－3）的市场条件和环境制约关系，并进行实证分析研究。

1.2.2.3　实证分析

将各省（自治区、直辖市）相关截面数据载入模型，计算分项指数和综合指数，利用锡尔系数进行空间结构分析。根据分析结果，提出规制建议。

1.2.3 理论意义及现实意义

1.2.3.1 理论意义："旅游科学发展理论"探索

本书是完善"旅游发展理论"的一个尝试。自旅游业被定义为"国家战略性支柱产业"后，发展出现很多困扰，旅游的经济功能被"尤其突出"地强调，其他功能与内在要求反而有被忽视的苗头，国民休闲旅游福利、游客满意和原住民正常生活受到侵犯和干扰，旅游业发展被地方政府用作"赚钱机器"与"政绩工程"，被企业作为获取政府土地、财政支持的"噱头"，旅游从"以人为本"的角度方向上逐渐跑偏。对旅游科学发展的基础理论研究不足，理论体系尚未有系统的构建。本书拟对旅游基础性研究做一些新的探索。

本书尝试量化分析"以人文本"的旅游发展状况。已有的研究及其结论多是从供给方谈具体问题与具体策略的，从"人"和"需求"的角度考虑的旅游本质和内在要求没有在发展中受到充分重视，以 GDP 为导向的业绩观在政府产业管理和政策制定中的体现还相当浓重，导致求规模、求经济贡献、求产业辐射的传统思维继续统治发展思想。"以人为本"是旅游科学发展的理性回归，本书试图从"人"的角度出发，摘取相关指标衡量旅游的发展程度，对旅游中涉及的"人"（利益相关者）的基本诉求、相互关系及利益协调进行分析。

1.2.3.2 实践意义：政策有效规制的依据

科学测评旅游发展的总体水平、区域差异及旅游发展趋势走向，可以为政策有效规制提供决策基础。目前，衡量旅游总体规模、质量、效益的统计和评价指标散落在国民经济统计中的相关指标和国家旅游局的相关统计中，客观上需要一个结合国民账户体系（SNA）和旅游统计体系的全面科学的综合指标监测体系，量化测度旅游发展的状况与差异，便于对比分析，为有效规制提供决策依据。

1.3 研究的方法与思路

1.3.1 研究方法

在研究方法上，本书运用了实证研究与规范研究相结合的研究方法。

1.3.1.1 规范分析

在旅游科学发展的理论体系研究中，将用规范分析方法，从旅游本质及内在要求、国内外旅游发展历程及规律趋向、旅游科学发展的内涵与理论体系部分，运用多学科的分析方法，基于中国旅游发展背景，参考相关文献，提出理论构建。

1.3.1.2 统计分析方法

在旅游发展指数的构造中，使用变异系数法、路径系数法、信息异质性系数法、因子分析、聚类等统计分析方法，进行指标的处理与构权，并进行计量验证，为旅游发展的空间结构分析提供数据依据。

1.3.1.3 结构方程模型分析

结构方程模型（Structural Equation Modeling，SEM）是一种多元统计技术。近些年来，SEM 技术大量应用于社会科学和行为科学领域的相关研究中。通过建立 SEM 方程模型，可以根据人类思维方式构建多层次、立体的因果关系；同时，能将一些无法直接测量的属性用潜变量的方式纳入多因素关系定量研究体系中，利用相关的软件，可以实现路径系数的求解和赋权过程。

1.3.1.4 比较分析

本书试图运用横向比较的方法量化分析中国旅游发展的现状，构造旅游发展差异度指标，分析区域协调与差异的状况与原因，并在此基础上提出政府有效规制的策略建议。

1.3.2 研究思路

本书的整体结构分为问题导入、理论分析、实证研究、结论建议四个部分（见表1－1）。

表1－1 本书结构

部分	各章主要内容
问题导入	1 绪论
	2 文献回顾
	3 旅游发展中的市场失灵和规制失灵：性质与原因
理论分析	4 旅游本质二重性和三要素“全面发展”要求
	5 旅游发展中的“人”——“协调发展”要求
	6 旅游发展的路径依赖——“可持续发展”要求
	7 旅游科学发展理论（对第4、5、6章的总结）及规制目标
实证研究	8 基于“产业提升”视阈的旅游发展指数（TDI）模型
	9 基于“市场培育”视阈的旅游发展体系（TDS－M）模型
	10 基于“环境包容”视阈的旅游科学发展模型（TSD－E）
结论建议	11 结论、建议及研究展望

各章具体内容如下：

1.3.2.1 问题导入部分

包括第1章至第3章。

第1章绪论提出问题，通过旅游业在国民经济中的重要战略地位、旅游业快速发展中出现的问题及旅游业较为特殊的统计体系等相关背景，引出所要研究的问题。同时对问题研究中所涉及的相关概念进行界定，并确定问题研究的分析框架。

第2章文献回顾旨在通过回顾国内外的相关文献，明确现有研究的进展情况，进而确定进一步研究的方向。

第3章引出问题，对旅游发展中的市场失灵问题和规制失灵问题进行现象描述，分析原因与性质，提出规制的必要性和规制理论分析框架。

1.3.2.2 理论分析部分

第二部分包括第4章至第7章。

第4章从旅游发展的本质及二重性出发，提出旅游“全面发展”的本质要求：人的发展、产业提升和社会进步相统一。

第5章从旅游发展中的“人”出发，分析旅游利益相关者之间的关系及协调机制，分析人与自然之间的关系及制约影响，分析发生旅游行为需要的社会支持条件，基于人的发展和经济社会发展同步、产业关联融合的角度，提出旅游“协调发展”要求。

第6章从旅游发展的路径依赖出发，研究对旅游“可持续发展”的要求。

第7章为理论创新部分，综合第4、5、6章的论述，建立旅游科学发展的理论体系，并探讨旅游规制目标，作为构建旅游发展测度体系的指导。

1.3.2.3 实证研究部分

第三部分包括第8、9和10章。

第8章从“产业提升”角度，以旅游核心产业为主，构造旅游发展指数（TDI－1），并进行有效性检验，构建复合权重，计算指数值，排序并做聚类分析。

第9章从“市场培育”角度将旅游发展指数（TDI－2）放在旅游特征产业要素供给、消费需求和社会条件中进行研究，构建结构方程模型，求解并验证，进行关系和影响的实证分析。

第10章从“环境包容”角度将旅游发展指数（TDI－3）放在环境可持续发展的限制条件下，构建结构方程，探寻环境问题对旅游发展的影响，计算此模型中各指数及相互关系，并做省际差异分析。

1.3.2.4 结论和建议部分

第四部分是第11章，是本书的结论、建议及研究展望。通过对旅游发展模型的分析，得出相关结论，提出规制建议。

1.3.3 技术路线

旅游发展测度体系研究技术路线见图 1－3。

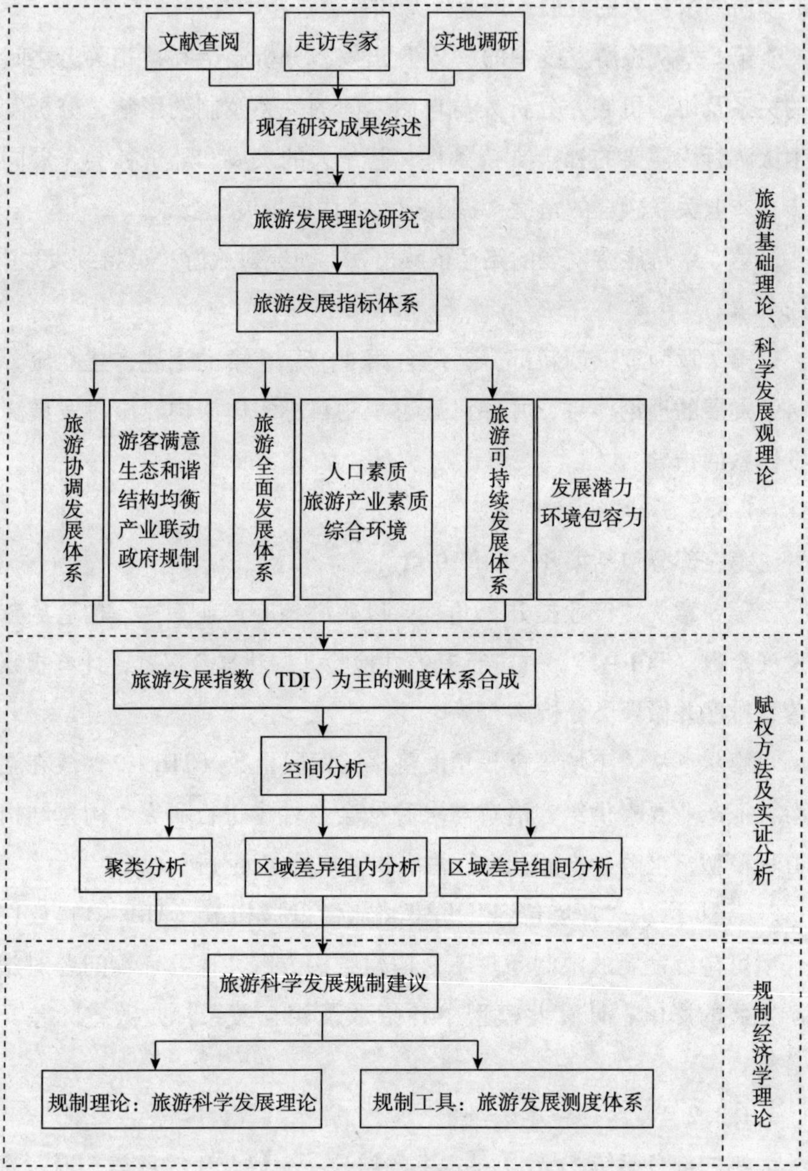

图 1－3 旅游发展测度体系研究技术路线

1.4 预期成果及可能的创新

本书试图论述“旅游科学发展理论”的内涵、本质、基本要求，并在现有理论成果基础上进行补充、扩展、深化，从而形成指导旅游业发展的产业规律。研究预期成果是：形成旅游发展理论；构造旅游发展测度体系；进行实证分析。

可能的创新主要表现在以下几个方面。

1.4.1 理论创新——建立旅游科学发展理论

系统分析发展观的主旨与内涵，从旅游的本质出发，结合国内外发展历程中的经验与教训，跳出产业思维，建立“以人为本”的“旅游科学发展”理论，完善旅游基础理论研究。

1.4.2 体系创新——构建旅游发展测度体系

旅游发展测度体系采用结构方程模型手段进行构建。有基于“产业提升”角度的旅游发展指数（TDI－1），有基于“市场培育”视角的旅游发展测度模型（TDS－M），有基于“环境包容”角度的旅游科学发展测度模型（TSD－E）。

1.4.3 方法创新——方法集成

首先是客观赋权法创新，采用路径系数、变异系数、信息异质性三种方法进行客观组合赋权。其次是旅游发展研究的技术方法创新，用结构方程模型（SEM）、SPSS 与 AMOS 软件相结合分析旅游发展的测度模型，完善旅游发展监测体系。

2 文献回顾

本章进行相关文献综述。将从理论基础、旅游综合评价指标体系和研究方法三方面进行资料的收集、整理和述评工作。

文献综述导航见表2-1。

表2-1 文献综述导航

文献主题	文献内容
1. 理论基础	发展观内涵及演进
	旅游本质
2. 指标体系	旅游产业（集群）和目的地竞争力评价体系
	旅游可持续发展评价体系
	旅游协调发展评价体系
3. 研究方法	因子分析法
	层次分析法（AHP）
	结构方程模型构建与AMOS软件估计
	锡尔系数法

2.1 理论基础文献综述

2.1.1 发展观内涵及演进文献综述

在不同的历史时期和不同的国情下，经济和社会的主要矛盾不同，发展的思路和突破点也应各有侧重。文献普遍认为，人类发展观由于社会和历史环境的不断演化，先后经历了单极增长的发展观、协调发展观、可持续发展观、以人为中心的发展观四个阶段。“科学发展观”是适应中国国情和发展理念的改进与创新。

2.1.1.1　单极增长的发展观

“单极增长的发展观”突出了经济指标增长的地位和作用，期望高投入形成高产出和高增速。一些经济学家认为，发展中国家的发展障碍基本上来自于资本匮乏和过度贫困，当务之急是物质财富的积累。刘易斯❶、罗斯托、库兹涅茨❷、纳克斯、罗森斯坦·罗丹、帕森斯的代表性理论及著作反映了当时的发展认知和发展思路。这种经济增长模式明显改善了许多国家的经济情况，但忽略了人与自然之间的协调，造成结构失衡、环境破坏和社会不公的恶果，为今后发展埋下障碍❸。具体观点见表2－2。

表2－2　“单极增长的发展观”观点列表

作者	主张和观点	共同特征
罗斯托	经济增长阶段论	以产业化为目标的经济增长论，突出强调经济增长，甚至认为经济增长等同于经济发展
库兹涅茨	经济增长理论	
纳克斯	贫困恶性循环理论	
罗森斯坦·罗丹	“大推进”平衡增长理论	
刘易斯	二元经济结构论	
帕森斯	现代化理论	

2.1.1.2　协调发展观

“协调发展观”对“单极增长发展观”进行了理论修正，突破了简单增长框架的局限，追求结构调整、收入分配改善、就业增加、贫困消除等多重目标的实现，以及经济增长与社会变革、文化变

❶ 阿瑟·刘易斯．经济增长理论［M］．周师铭，等译．北京：商务印书馆，2005.

❷ 西蒙·库兹涅茨．现代经济增长：速度、结构与扩展［M］．戴睿，易诚，译．北京：北京经济学院出版社，1989.

❸ 栾雪飞．论科学发展观的国际理论渊源［J］．东北师大学报：哲学社会科学版，2011（2）：35－40.

革和制度变革并举。更加注重系统多维变量之间反馈关系的辩证思维。具体观点见表2－3。

表2－3 “协调发展观”观点列表

作者	主张和观点	共同特征
亨廷顿和托达罗	发展是财富加变化，而变化不单在经济上，而且还在社会和文化上，也不单在数量上，而且还在质量上	发展＝经济增长＋社会制度变革
汤姆·肯普	发展不纯粹是一个经济现象……因此应该把发展看作包括整个经济和社会体制的重组和重整在内的多维过程	
联合国发展计划署	增长只是手段，而人类发展才是目的，社会发展的最终目标是改善和提高全体人民的生活质量	
贝塔朗菲	我们被迫在一切知识领域中运用“整体”或“系统”的概念来处理复杂性问题。这就意味着科学思维基本方向的转变。	
缪尔达尔	发展是整个体系的向上运动	

2.1.1.3 可持续发展观

“可持续发展观”认识到了非正常的经济技术增长对生态环境的破坏，努力寻求人口、经济、社会、环境和资源的协调发展。1980年，联合国环境计划署委托世界自然保护联盟制定的《世界自然保护大纲》中，首次提出了“可持续发展的概念”。1987年，“可持续发展”有了来自世界环境与发展委员会的官方解释，并进一步提出“可持续发展问题的中心是人”。1992年6月，联合国环境发展大会制定了《21世纪议程》（Agenda 21），提出了致力于可持续发展的27条原则。具体观点见表2－4。

表 2-4 “可持续发展观”观点列表

作者	主张和观点	共同特征
R. 卡逊	《寂静的春天》根据大量事实，阐述了毒物污染的迁移、转化与空气、土壤、河流、海洋、动植物和人的关系	考虑发展的代际可能性
穆勒	讨论了增长的极限及发展可能性问题	
梅多斯	《增长的极限》研究世界人口、工业发展、环境污染、粮食生产和资源消耗五种因素之间的变动关系，指出人类所面临的危机。“如果有理由深切忧虑，也有理由寄予希望。……可以创立一个完全新式的人类社会——一个以后可以世世代代维持的社会”	
联合国环境与发展世界委员会	可持续发展是这样的发展，它满足当代的需求，而不损害后代满足他们需求的能力	

2.1.1.4　以人为中心的发展观

“以人为本的发展观”视角由“物”向“人”，把发展看作是以国家、民族、历史、环境、资源等内在条件为基础的，包括经济增长、政治民主、科技水平提高、文化价值观念变迁、社会转型、自然协调、生态平衡等多方面因素在内的综合演化过程，提出了人与人、人与环境、人与组织、组织与组织合作的新观点。联合国发展计划署（UNDP）推出人类发展指数（HDI），把经济增长与社会发展的综合人文指标联系起来替代 GDP 评价。具体观点见表 2-5。

表 2-5 “以人为本发展观”观点列表

作者	主张和观点	共同特征
弗朗索瓦·佩鲁	《新发展观》指出：发展是整体的、综合的、内生的、以人的发展为中心的新发展观……必须牢牢记住，个人的发展、个人的自由，是所有发展形式的主要动力之一	通过人的发展协调诸要素的主张和观点
马克思	个人发展和社会发展一致，每个人的自由发展是一切人的自由发展的条件	

2.1.1.5　科学发展观

“科学发展观”是马克思主义发展观和当代中国发展实际相结合的产物，科学发展观认为第一要义是“发展”，强调全面、协调、可持续。具体内容见表2－6。

表2－6　科学发展观内涵

主张和观点	
主题	发展
本质和核心	以人为本
要义	经济社会“又好又快”发展
发展目标	全面发展
发展战略	协调发展
本质要求	可持续发展

2.1.2　旅游本质文献综述

从科学研究的意义上说，理解事物的本质是建立知识体系的基础。旅游本质的复杂性源于旅游活动的复杂性和多学科不同研究角度造成的分歧。

2.1.2.1　旅游的概念

牛津词典最早对旅游的解释为“游憩动机的旅游理论与实践”(1811)。美国学者查德维克（R. Chadwick，1994）认为旅游包含三个主要概念：人、旅游产业和服务系统。张凌云（2008）列举出了典型的30种国内和国外的定义，总结为经济活动、人际交往、社会活动、社会关系的总和、社会和文化现象、行动、休憩等。

2.1.2.2　关于旅游的本质

关于旅游的本质，经济学、社会学、心理学、文化学、历史学、地理学分别从不同的角度做出了不同的解释。学者们提出经济本质论、文化本质论、仪式本质论、体验本质论、旅游二重性等观点，还有学者对以上观点进行归纳，形成了综合本质论的观点。以下分别概述。

经济本质论中，李广全、崔庠认为“旅游是旅游者的经济行为[1]”。文化本质论中，田连波从心理学角度阐述“旅游是人们寻求自由生命的重要文化形式[2]”。体验本质论中，龙江智认为各类旅游的共同属性是“它们都是人们寻求心理满足的一种体验形式[3]”，他还提出“旅游场（Tourism Field）”的概念，并解释含旅游环境、旅游吸引物、服务设施、文化氛围、气候等影响旅游者体验的因素。旅游本质二重性理论中，龙京红认为旅游本质的二重属性分别是内在体验和外在条件，求新、求异、求高雅、回归大自然，是旅游本质的内在要求，也是旅游发展规律的出发点和归宿点，同时认为，旅游产业形成是旅游实现的必要保障，这是旅游的外在属性[4]。旅游人本理论中，曹国新认为旅游发生的动力学基础是脱离不发达的生产力对人的“角色”和“秩序”的规定性。旅游本身是逸的工具，是寻求自由发达的社会关系的行为[5]。

综合本质论中，张凌云从国内外收集到的30多个定义中总结出旅游的本质特征有：空间位移、动机驱动、产业基础、空间系统、完整的目的地系统（社会、文化、经济）[6]。刘纯认为旅游行为是自由支配收入、文化背景、休闲时间以及身体状况等变量的函数。

---

[1] 李广全，崔庠. 旅游的研究方法及旅游本质的探讨［J］. 旅游论坛，1999（s2）：32－34.

[2] 田连波. 旅游审美学［M］. 郑州：河南大学出版社，1997.

[3] 龙江智. 从体验视角看旅游的本质及旅游学科体系的构建［J］. 旅游学刊，2005，20（1）：21－26.

[4] 龙京红. 旅游的本质及其二重属性［J］. 中国物价，2004（12）：41－42.

[5] 曹国新，宋修建. 旅游的发生、发展及其本质——一种基于发生学的考察［J］. 华东师范大学学报：哲学社会科学版，2004，36（3）：116－120.

[6] 张凌云. 国际上流行的旅游定义和概念综述——兼对旅游本质的再认识［J］. 旅游学刊，2008，23（1）86－90.

2.2 旅游业发展综合评价文献综述

2.2.1 旅游产业（集群）和目的地竞争力评价综述

20世纪80年代，产业竞争力理论在不同产业广泛兴起。它适应了发展理论的系统化和多元化，也追随了研究方法的模型化和数字化❶。各种国内和国外的研究为该方法的延伸和扩展提供了丰富的素材。

2.2.1.1 关于旅游地竞争力概念及内涵问题

国内外对此部分的相关研究资料充裕。K. Wober等通过旅游需求、过夜旅游增长率、游客季节分布及旅游地承载力等指标对1975年以来欧洲39个首都城市进行综合竞争力分布研究❷。Crouch和Ritchie从显性和潜在两个方面考察竞争力。顾朝林认为考察一个城市旅游竞争力的大小需要考察产业素质、城市环境、旅游企业和旅游产品。张争胜认为提高城市竞争力应充分利用已有资源，开发更优的旅游产品和进行多样化的营销❸。

2.2.1.2 关于旅游地竞争力综合评价模型

Dwyer❹和Kim的竞争力模型包含对经济指标、旅游地吸引力、旅游营销策略三个维度❺。Brent认为旅游地竞争力包括经济、政治、社会、文化、生态等方面的可持续能力❻。岳川江等人❼构建了资

❶ 王兆峰．区域旅游产业品牌竞争力评价指标体系构建研究［J］．当代财经，2007（10）：108－111.

❷ 吴静．保定市旅游城市竞争力研究［D］．燕山大学，2009.

❸ 周彬．宁波城市旅游竞争力提升策略研究［J］．商场现代化，2008（1）：354－355.

❹ Dwyer L, Prasada P. The price competitiveness of travel and tourism: a comparison of 19 destinations［J］. Tourism Management, 2000, 21（1）: 9－22.

❺ 沈虹．旅游目的地竞争力评价指标体系研究［D］．华东师范大学，2008.

❻ Brent, Ritchie, Crouch. The competitive destination: A sustainability perspective［J］. Tourism Management, 2000, 21（1）: 1－7.

❼ 岳川江，吴章文，郑天翔，等．滨海城市旅游竞争力评价研究［J］．自然资源学报，2010（5）：759－801.

源、发展和环境三方面的竞争力，用层次分析法对大连、青岛、宁波、厦门、深圳5个城市进行竞争力比较。孟祥伟等人❶从环境、持久性和发展性三方面建立了22个指标的竞争力模型，并用因子分析法进行了河北城市旅游竞争力评价。

2.2.1.3　关于竞争力评价体系指标选取问题

考虑指标的可获得性和评价的准确程度，根据指标出现的频度，在文献中出现的主要指标分别为：旅游外汇收入、旅游国内收入、旅游总收入、入境旅游总人数、国内旅游者人数、旅游企业利润率、旅游企业全员生产率、旅游企业税金、旅游企业固定资产总值、旅行社数、4A级以上景点数、星级饭店数、旅游从业人员数量、星级饭店床位数、省会城市空气质量指标、城市污水处理率、三次产业贡献率、旅游业总收入占地区生产总值的比重、旅游外汇收入在旅游总收入中的比重、旅游就业人数占总就业人数比重、地区生产总值、地方财政收入、空中客运航线、客运量、人均城市道路面积、每万人拥有公共厕所、省级以上旅游景区（文物保护单位、森林公园、名胜风景区、地质公园、自然保护区等）、人均公园绿地面积、旅游院校数、旅游在校学生人数、电信网络普及率、人均邮电业务总量等。

2.2.2　旅游业可持续发展综述

2.2.2.1　基于旅游环境容量的旅游可持续发展

国内外学者普遍认为人们应该在一定范围内展开旅游活动。20世纪30年代比利时生物学家P. E. Forest提出环境容量法，认为环境容量由自然、经济、社会所决定。为了保护生态资源和环境的可持续发展，人类旅游活动的环境容量阈值由最小的“瓶颈”因素决定。

---

❶　孟祥伟，刘静，刘扬阳，等．保定旅游核心竞争力评价与对策研究［J］．河北工业大学学报，2010，39（1）：92－96.

2.2.2.2　基于指标体系的旅游可持续发展评价模式

陈莎莎❶用层次分析法构建了19个指标组成的经济、社会文化、生态环境、支持体系四个层面的指标体系。王良健选取了45个指标，从旅游资源保护、市场拓展、旅游设施、旅游的投入产出等方面进行了计算❷。

2.2.3　旅游业协调发展综述

关于旅游业协调发展的文献不是很多。冷幸、熊丽英在2012年定义了旅游业和谐发展的定义。他们认为：旅游业和谐发展是指旅游业在协调社会不同群体和不同产业之间的关系下，促使自然环境、社会环境、人文环境、人与人以及人与自身的和谐发展❸。并在此基础上列举了目前的不和谐表现，如自然资源与人文资源的不和谐，旅游安全问题、区域不平衡问题、城乡差异问题、诚信问题等。吴耀宇、崔峰（2012）以协调发展度理论为基础，从经济和生态两方面的指标，应用定量分析方法讨论南京市旅游协调问题❹。

2.3　多元综合评价方法文献综述

2.3.1　因子分析法

指标体系中所选指标之间可能存在相关性，使指标之间有重复信息。为了用更少更精确的综合指标概括原始变量中的各类信息，

❶ 陈莎莎．浅论旅游产业可持续发展评价方法——基于层次分析法［J］．经营管理者，2010（2）：182－183.

❷ 王良健．旅游可持续发展评价指标体系及评价方法研究［J］．旅游学刊，2001，16（1）：67－70.

❸ 冷幸，熊丽英．中国旅游业和谐发展的问题及对策研究［J］．经济研究导刊，2012（1）：158－159.

❹ 吴耀宇，崔峰．南京市旅游经济与生态环境协调发展关系测度及分析［J］．旅游论坛，2012，5（2）：79－83.

采用因子分析法对原始变量进行分析，用少数几个因子描述变量关系。因子分析法通常有三个步骤：采用主成分分析的方法来构造因子变量计算综合得分，各因子变量解释的含义，各地因子变量得分。

2.3.2 层次分析法（AHP）

层次分析法（简称 AHP），由美国运筹学家托马斯·塞蒂（T. L. Saaty）在20世纪70年代中期研究使用。它是一种实用而有效的决策分析技术，突出的优势是可以将定性指标量化，用于处理复杂的经济和社会制度问题，并可以构权。主要步骤是：建立层次分析结构模型；矩阵判断；构权；层次排序和一致性检查。

2.3.3 结构方程模型构建与 AMOS 软件估计

结构方程模型是一种多元统计技术。利用 AMOS 软件可以将一些无法直接测量的属性用潜变量的方式纳入多因素关系定量研究体系中，实现路径系数的求解和赋权过程。AMOS 软件的贝叶斯和自抽样方法，还可以在一定程度上克服模型对大样本量需求的限制，当样本低于100时，结果依然较为稳定。由于本书模型每个自然年的样本只有31个（31个省份），因此，借助贝叶斯方法可以避免小样本带来的不稳定性。AMOS 系统默认的估计方法为极大似然估计（Maximum Likelihood Estimates）。极大似然估计是一种常用的稳健估计方法，在数据的正态性没有被严重违背的情况下，结果也足以被采信。

$$F_{ML} = tr\left(S\sum{}^{-1}(\theta)\right) + \log\left|\sum(\theta)\right| - \log|S| - p \qquad (2-1)$$

式中，S 为样本矩阵，且要求是正定矩阵；

$\sum(\theta)$ 是理论导出矩阵，也要求是正定矩阵，而且有逆矩阵；

P 是观测值。

统计检验量 $C=(N-1)\min\{F_{ML}\}$，渐进服从 $P(P+1)/2-t$ 的卡方分布。与原假设是一致的。

2.3.3.1 估计结果的判断标准（见表2-7）

表2-7 标准化的回归权重（路径系数）的判断标准

R	R^2	状况
0.71	50%	优秀
0.63	40%	非常好
0.55	30%	好
0.45	20%	普通
0.32	10%	不好
0.3以下	<10%	不及格

标准化的回归权重或路径系数（Regress Weight）是判断变量之间相关程度的指标值。社会科研研究验证性因子载荷的判断标准一般为R=0.55以上，这时信度（R^2）可达30%，说明因子的解释力较好。

2.3.3.2 拟合结果判断标准

拟合结果的检验标准有：信度、效度、绝对拟合优度和相对拟合优度（见表2-8）。

组合信度相当于内部一致性的α系数，一般要求大于0.6，平均方差抽取量（Average Variance Extracted，AVE）表示收敛效度，一般要求大于0.5。

$$\text{其中，组合信度} = (\sum \lambda)^2 / [(\sum \lambda)^2 + (\sum \theta)] \quad (2-2)$$

$$\text{AVE} = (\sum \lambda^2) / [(\sum \lambda^2) + (\sum \theta)] \quad (2-3)$$

$$\theta = 1 - R^2 \quad (2-4)$$

式中，λ表示标准化参数估计值。

表2-8 验证性因子分析模型的拟合优度判断标准

	适配度指标	标准
绝对拟合优度	CMIN/DF	<4
	GFI	0.8
	AGFI	0.8
相对拟合优度	NFI	0.8
	IFI	0.8
	CFI	0.8
	RMSEA	0.08

2.3.4 锡尔系数法

锡尔系数法于 1967 年被用于分析区域差异[1]。锡尔系数的大小反映差异大小。

计算公式为：

$$I(o) = \sum_{i=1}^{n} \log \frac{\bar{y}}{y_i} \tag{2-5}$$

式中，y_i是第 i 区域得分值，$\bar{y}$ 表示均值，即

$$\bar{y} = \sum_{i=1}^{n} y_i / N \tag{2-6}$$

运用锡尔系数还可以进行组内和组间比较，计算公式为：

$$I(o) = \sum_{g=1}^{G} I(O)g + \sum_{g=1}^{G} \log \frac{1}{V_g} \tag{2-7}$$

式中，$\sum_{g=1}^{G} I(O)g$ 表示组内差异，$\sum_{g=1}^{G} \log \frac{1}{V_g}$表示组间差异，$V_g$表示 g 组得分值比重[2]。

2.4 文献述评

2.4.1 基础理论——文献对“旅游科学发展”问题研究不足

已有的“旅游发展理论”研究大多集中在培育旅游产业（集群）的竞争力、旅游业可持续发展、旅游协调发展等各项理论中。且以具体表象问题陈述和应对策略为主要研究方法。对于比较全面的、科学的旅游发展理论体系的研究需要进一步深入。

---

❶ 魏后凯．中国地区间居民收入差异及其分解［J］．经济研究，1996（11）：66－73.

❷ 汪德根，陈田．基于竞争力评价的区域旅游产业发展差异——以中国东部沿海三大旅游圈为例［J］．地理科学进展，2011，30（2）：249－256.

2.4.2 研究角度——只关注“产业”而对“人”有所忽略

误区之一：重经济，轻人文。目前既有研究大多只将旅游看作经济活动，注重产业发展和带动作用，经济功利性浓重。如果没有全面地对旅游中的“人”加以思考，只重视区域旅游的经济功能和就业的社会功能，忽略对国民旅游福利和满意度、和谐度的考量，后果是人与人、人与社会、组织间各种“不和谐”，以及产业涸泽而渔式的瞬间增长和不可持续。

误区之二：重供给，轻需求。文献研究缺少对“人”的关注。从旅游供需角度看，大多文献或工作报告是从产业角度或政府工作等供给角度出发谈及旅游发展，以追求产业规模与产业经济贡献为主，没有考虑旅游对于需求一方的意义与内在本质要求，因而忽视了旅游产品与服务的品质、游客满意与更高层次的人的自我实现等问题，缺少人文关怀的气息。

旅游产业的定位应回归到“服务于人”。旅游产业的定位应当是帮助“人”成为“全面”“完善”的“本真”的“人”。如果只从产业角度出发研究旅游容易直接进入经济功利思维，只关注自己能提供什么产品或获得什么利益，只在乎能从游客身上“赚”多少钱，这就形成了旅游乱象的主要发生机制。如果规制行为只注重产业促进，形象宣传，而不注重对游客权益及满意度的保障和旅游公共服务的提升，旅游业的战略性支柱产业定位就会缺少人本内涵，“人民群众更加满意的现代服务业”的战略目标也无法实现。

2.4.3 评估体系——各有侧重但缺乏全面衡量体系

现有的对旅游的评估体系大致有旅游产业（集群）竞争力评估、旅游目的地竞争力评估、旅游产业可持续发展能力、旅游发展潜力评估等方面。大多从旅游的供给角度出发评估产业发展水平和区域差异，缺乏从社会、人口、生态对需求层面制约的考虑。

2.4.4 指标选取——“以人为本”指标落实有难度

以指标体系来衡量发展水平本身在方法上有挂一漏万的特征。一些具体反映质量、效益和满意度的指标因无法直接测量，所以无法纳入指标体系中（如游客满意度与游客自我实现等），一些直接衡量协调发展情况的指标（如区域整合、产业联动等）难以获取，只好用可以侧面反映情况的替代指标。但是如果没有客观的数据支撑，评价又显得无据可依。因此，只能在指标选取中尽可能准确地刻画事物本身状况。软性指标难以获取或精确性不足，这对所有“以人为本”的模型均构成制约。

2.5 本章小结

本书在已有文献研究的基础上，拟从“以人为本”的角度出发，结合旅游基础研究成果和科学发展观理论研究成果，试图建立“旅游科学发展理论”，并构建在此理论指导下的“旅游科学发展测度体系”，科学、全面衡量旅游发展水平与区域差异，为政策分类指导提供可借鉴的依据。

3　旅游发展中的市场失灵和规制失灵：性质与原因

从发展现象看，旅游发展存在市场失灵和规制失灵。

3.1　旅游发展中的市场失灵及原因

3.1.1　旅游市场失灵的表现

旅游市场失灵的现象前文已述。概括起来，主要表现在以下几个方面。

3.1.1.1　*旅游市场发展不协调*

区域间发展不协调。在我国，由于政策和地缘环境的影响，东部、中部、西部地区的经济总体呈现阶梯式的渐变。而旅游业发展程度也受经济发展的地区不平衡影响，呈现阶梯式的渐变。经济条件优越和发展起点高的沿海地区，拥有丰富的海洋和人文旅游资源，享有较好的经济政策，通常较早地开发了旅游市场发展旅游业。通过吸引外来资金，引进丰富的管理经验，网罗较高素质的劳动力，培养旅游职业经理人，管理水平也相对较高。同时，在经济的发达和社会进步的支撑下，市政设施水平和公共服务能力提升，第三产业市场繁荣。由于资源要素能得到有效回报，旅游接待能力较强，旅游综合收入也高。而这种效应又可以正反馈的形式加大旅游业投资，进一步扩大旅游市场份额，形成了良性循环。西部地区旅游的自然资源丰富，民族地区旅游人文资源密集，但除了省会城市和热点旅游区外，大部分地区交通可达性不好，市政设施、旅游接待水平尚不能充分满足旅游市场的需求。虽然旅游可以成为这些地区转变经济增长方式和调整产业结构的依赖途径，但是由于经济和社会整体环境未形成发展旅游业的充分条件，旅游接待人次和旅游收入均受到制约和影响。同时，市场机制又扩大了地区之间的不平衡现象，形成了东部与中西部旅游发展较为典型的“马太效应”。此外，由于条块分割的固有思维，区域之间的要素整合和地区合作也不够紧密。

3.1.1.2　旅游市场竞争不充分

公共资源的圈地经营行为。一方面，根据《中华人民共和国物权法》规定，自然资源属国家所有，实行属地管理。地方政府出于经济利益的考虑，以资源保护和统一规划为名义，圈占这些自然资源，使其变成政府垄断经营或授权经营的资产，出现了公共资源的人为剥夺与经营垄断。原有的民众与大自然接触的自由活动区域变为经营性场所。另一方面，边界、属地和产权不明晰的旅游资源会出现无序竞争和低效混乱经营现象。

著名景区景点资源的垄断性经营。著名景区景点是稀缺的优质资源，截至 2012 年 10 月 29 日，全国共有 141 家国家 5A 级旅游景区。具有品牌效应的景区往往景观质量高，有很强的旅游资源吸引力和市场吸引力，具备良好的通达性，旅游标识和公共信息清晰丰富，公共设施数量充足，旅游安全有保障，卫生、邮电、旅游购物服务便利，游客满意率高，较一般的景区和景点，著名的景区景点具备天生的垄断经营条件，同时也享有特殊的营销政策待遇，形成了旅游供求的非均衡状态。

寻租行为产生。一些企业打着开发旅游地产的旗号与地方政府形成共谋，开发大型旅游地产项目和景区，征用或占用土地，大规模迁民。有些地区在经营过程中，被征占土地的人员被排除在这些旅游项目经营之外，无法共享利益。旅游地原住民的正常经营和原有生活秩序受到影响。新的利益分配机制取代原有秩序，形成新的权利中心和利益中心。

旅游景点门票价格上升快。在旅游发展的“门票经济”阶段，地方政府和授权经营的企业倚重旅游景点的门票收入，尽管在国家发展和改革委员会等国家部委的监管下，门票价格还是居高不下，涨幅远超过同期居民收入增长水平。5A级景区中有接近一半门票价格过百元，其中超过一成门票价格在200元以上。过高的景区门票价格不仅扭曲了市场机制，侵害了公众的利益，也造成了不好的社会影响。

3.1.1.3　*旅游市场败德行为频现*

欺客、宰客行为时有发生。旅游是一种经验型产品，在消费之前无法完全探知消费过程和消费结果，旅游从业人员比游客享有更多的旅游信息资源，加之旅游契约的不完备，当旅游过程中发生以次充好、改变行程等纠纷与摩擦时，游客的权益难以获得保障，导致旅游市场的机会主义行为产生；由于旅游管理部门没有执法权，多部门监管协调机制尚未形成，市场中一些如非法一日游、无证经营、无证导游、诱骗游客等非法经营现象无法根治；旅行社的价格战导致恶性竞争，零团费负团费等经营行为出现，形成了强迫消费、榨取暴利、回扣等不和谐的现象；同时，市场行为渗透到一些旅游开发地区，特别是经济落后地区和民族地区，商业化使得原生价值观发生异化，出现以民俗体验、算命燃香为名义的强迫消费，侵害他人利益的行为受到物质利益的激励。

旅游业造成的文化异化现象。原生态文化和民俗受到外来文化因素的冲击，出于功利性目的仿制和“复活”的表演已经走形，并且市场标签味道浓重。盲目仿古、文化庸俗化与异化造成文化歪曲与文化冲击，“学习”使得原生态文化逐渐被世俗文化所同化。

综上，由于对旅游业进行监督和管理的法律暂时缺失，导致恶性竞争、虚假广告、合同欺诈以及破坏旅游资源等各种违法现象在旅游市场频频出现，严重影响了旅游业的持续健康发展。这与已提升为战略性支柱产业的旅游业地位极不相称。

3.1.1.4　旅游公共资源过度使用

景区资源过度开发与掠夺性开发。部分主要依赖于公共资源的旅游经营，由于资源的所有权、使用权和经营权不明晰，出于市场利益驱动，对旅游资源进行掠夺式开发和使用，超负荷接待游客，超环境容量，不能给资源以休养生息的机会。出现破坏古建筑、自然风貌和原生文化，旅游旺季过度拥挤现象，造成游客游览质量下降。一些文物得不到妥善保护，面临被破坏甚至消亡的境地。

3.1.1.5 旅游公共产品供给不足

旅游活动涉及“食、住、行、游、购、娱”六大要素，需要借助大量基础设施、信息科技等公共产品的帮助。公共产品在消费过程中的非排他性和非竞争性、短期授权经营和产权不明晰以及经营中的“搭便车”行为等因素导致对旅游公共产品投入不足。

3.1.1.6 旅游市场的波动性和脆弱性

旅游市场淡旺季特征明显，而且受气候、经济周期、社会事件、政治因素、自然灾害、疾病等多重因素影响，呈现出一定的产业脆弱性。旅游需求的周期波动性和旅游供给一定程度上的刚性，常常使得资源紧张和资源闲置现象接替出现，旺季人满为患、价格居高、服务质量不足，淡季经营惨淡、设施闲置、员工开工不足。市场波动使社会福利水平下降。

3.1.2　旅游市场失灵的原因

3.1.2.1　公共产品

旅游发展离不开政府对公共产品的投入。如道路交通设施、水、电、气、通信、宽带等基础设施，以及生态资源保护、环境卫生、旅游资讯、目的地营销、旅游规划、安全预警与应急机制等公共服务；国家公园、自然保护区、文化古迹等公共旅游产品的提供；旅游咨询中心、游客服务中心、道路标识等旅游接待中心的建设；旅游信息提供、智慧旅游平台等旅游基础设施的完善；旅游教育与培训的辅助等。

市场机制不能保证旅游公共物品的供给。公共产品的投入对区域旅游的发展至关重要，但旅游公共产品的非竞争性和非排他性，使这些公共物品只能由政府提供。一个地区经济社会发展水平直接决定了公众享受公共产品福利水平的高低。市场虽不能有效提供公共物品，但市场的发展效率和结果决定了公共物品提供的可能性和能力水平。

3.1.2.2 垄断

公共资源被无偿独占形成了地方政府与公众利益的矛盾。公共资源的授权经营使当地居民被排除在利益共享机制之外，带来的收益不能被公众公平享受。地方政府与授权经营的企业在利益上的趋同性，事实上形成了市场的共谋行为，使价格服务监管和行业规制松散。出于利益追逐，短期授权经营还往往会造成公共资源的过度使用和过度消耗。而代表所有权的国家，却无法对这些行为进行监督和纠正，对旅游资源的保护和可持续发展造成不利影响。优质旅游资源的垄断经营造成对公众利益的要挟。价格高、服务效率缺失、产品提供不充分是垄断经营的典型特征，这在著名的景区景点表现尤为突出。

3.1.2.3 外部影响

旅游在一定程度上是对资源和文化的消费活动，会对生态环境、自然资源、人文资源和社会文化产生负面影响。如旅游过程中的碳排放、对资源的消耗和磨损、文化扭曲和文化异化、垃圾产生和空气水质污染等。旅游的外部性特征无法通过市场机制加以调节。

3.1.2.4 非对称信息

由于旅游消费与旅游供给在发生上的同时性，信息变得至关重要。客观上不同的活动参与主体拥有的信息不相同，主观上不同的经济活动参与对象获取信息的能力不同。市场信息的不完全性或不对称性导致经济行为的不确定性。信息的非对称分布使得一些人可以借助自己的信息优势对信息弱势群体进行欺诈。当市场欺诈行为普遍存在又无法及时纠正时，游客出于对自己利益的保护，会停止、减少或改变正常消费行为。这使得整个市场的正当交易也受到损失，市场配置供求和配置资源的能力受损。

3.2 旅游发展中的规制失灵及原因

3.2.1 旅游规制失灵的表现

3.2.1.1 利益分配机制失衡

经济不发达地区的旅游开发模式基本上分两个阶段。第一阶段是旅游市场自发形成阶段。在发展旅游业的各种条件逐渐基本满足后，个别个人或企业先行开始参与旅游市场经营。这一阶段通常较为漫长，需要市场自发的培育和个体竞争的不断激励。第二阶段是政府参与开发模式。当旅游市场逐渐发育成熟，旅游地产业发展出现先天资源不足，或市场开始出现瓶颈（如资金、恶性竞争、土地资源紧缺等），政府以投资者和扶贫工程的实施者身份参与旅游市场行为，制定旅游发展规划，甚至主导业务经营。一些散在自发的旅游市场主体被吸纳或收购，失去自由经营权，成为被控制的对象。而被收回经营权和土地的一部分个体经营者，却因为征地补偿不合理、就业投资排除在旅游项目之外、不能分享开发成果等原因而受到权益损害。

3.2.1.2 部分企业以旅游经营为名占据政策便利

旅游业在爆发式增长的市场环境下，借助于政策定位及扶持，逐渐成为地方政府越来越倚重的产业。在土地、金融、投资促进等领域，对涉及旅游发展的项目优先考虑。企业行为受政策导向的引导，积极寻求这些政策便利。地方政府出于对税收和财政的考虑，也愿意将这些项目优先配置给实力强大的企业。在旅游开发中政企形成共谋，但是这些企业往往主营项目不是旅游经营，而是地产开发或是工业建筑。在土地、资金等各项资源已经齐备的情况下，却没有经营旅游休闲产业的主张和意愿，不是将这些政策便利挪作他用，就是有旅游经营之名，无旅游经营之实，暗度陈仓地地产开发与地产经营等其他项目。

3.2.1.3　旅游产业游离式发展

旅游业发展中存在游离式发展的现象。旅游业涉及食、住、行、游、购、娱六大要素，在第三产业乃至整个国民经济中处于一个产业群的核心地位，辐射能力很强，既依托于其他产业的发展，同时也对其他产业形成关联带动作用。旅游业通过两条线路对国民经济产生波及作用。一条线路是直接波及作用，旅游产业→旅游产业的先行产业→这些先行产业的先行产业。例如，旅游服务带动旅游产品（餐饮、住宿、交通、游览、购物、娱乐），这是逆向波及的第一波。旅游产品的生产又带动农产品市场、房地产市场、汽车生产和铁路投资、机械和文化设施建设，这是逆向波及的第二波。这些市场的繁荣又带动了农业、电力、煤炭、钢材、水泥等能源和建材产业的发展。另一条线路是间接波及，旅游产业→旅游关联产业→旅游辅助产业→这些产业的先行产业和后续产业。如旅游业发展带动商业、会展业、交通运输业、文化产业、金融业、保险业等现代服务业的增长，促进了这些产业的规模和就业容量的扩大。可以看出，旅游业既需要其他市场和产业以及这些产业的先行产业和后续产业的支持，同时也促进了这些产业的成长和发展。因此，产业联动在旅游发展中必不可少。一些地区在发展过程中，政府只强调餐饮、住宿、旅行社等直接旅游企业的建设和收入，却忽视了促进旅游业与其他产业的联动和融合，没有形成相应的产业融合机制，造成了旅游业游离式发展的状态。如文化聚集区只注重搭建要素生产和交易平台，相应的旅游接待未得到政策的重视和引导。

3.2.1.4　行业监管的干预无效

如目前旅游行业主管部门无执法权，相关权利的配置在旅游行业管理的调度能力之外。在多部门联合执法机制尚不协调的环境里，面对“非法一日游”、游客人身安全侵害等问题，没有有力的监管措施。“非法一日游”屡禁不止，游客抱怨与投诉不断，城市旅游形象受损。

3.2.2 旅游规制失灵的原因

规制失灵源于政府的“有限理性”和“有限信息”。“有限理性”部分源于缺少科学发展的指引，而被利益所驱动。加上传统 GDP 导向政绩观思维的影响和行政监管机制尚不完善，导致了对危害游客与当地居民福祉与利益的行为没有有效措施。政府“有限信息”部分源于缺乏对旅游发展情况的整体衡量和评估，缺少规制工具和规制手段，影响了政府对旅游发展的政策有效性。

3.3 政府规制的必要性和规制理论与工具的选择

快速发展伴随乱象丛生是起飞阶段的特征，应对“市场失灵”和“规制失灵”的方法是树立科学发展思想，将旅游发展与社会进步和人的发展相结合，考虑生态制约和可持续发展；在制度和法律层面树立企业、游客和管理部门的权利义务和法律责任，尽力破除垄断经营；同时研究规制理论和规制工具，帮助政府管理机构解决“有限理性”和“有限信息”问题。

4 旅游本质二重性和三要素——"全面发展"要求

旅游是人类特有的行为，"以人为本"是旅游科学发展的思维起点。从源头上说，旅游是"人"的全面发展的基本需求，"人"通过旅游行为完成了对自我的寻找与认识、修复与升华；从过程中看，旅游涉及人与自然、人与人、人与社会各项全面关系的建立、归顺与保有；从结果来讲，旅游发展的成果要惠及全体人民，包括旅游目的地居民、旅游服务人员及旅游产业链先后向关联者、涉旅行业人员、旅游者及社会公众。因此，对旅游本质和对旅游本质中的要素要求的认识是构建旅游"全面发展"的基础。

本章从"以人为本"的视角出发，借鉴各学科在旅游研究中的既有贡献，以及目前各学科对旅游本质认识的归因，从"人"参与"旅游"行为这一现象本身，自内向外，总结旅游本质二重性及旅游本质三要素，并在此基础上构建"旅游全面发展"的理论体系。

4.1 旅游的本质及本质实现的二重性

本质是一种事物区别于其他事物的根源性规定。本质的界定是构建该事物纲领性体系的基础工作。尽管对本质的认识不仅受制于表象在根源基础上的演化、变异和逃逸，还受制于观察者主观的视域、辨识和概括，但对本质问题的深掘，在理论上是必不可少的，在实践中也是逐渐归真的。

4.1.1 旅游的本质

4.1.1.1 目前旅游研究视角下的定义及本质

目前的旅游研究视角丰富，而且各成一体。旅游学科体系的初步构建最初是通过其他领域的不同学科对这一新兴领域的侵入和渗透完成的，不同的理论体系视角下的旅游本质多姿多彩，但不免透露着“管中窥豹，可见一斑”的局限性。

我国旅游知识体系的构建发端于语言学（含中国语言学、外国语言学及新闻传播学）在旅游事业起步阶段（旅游外事接待功能定位）的贡献，目前基本上被经济学、管理学、社会学（含人类学、民俗学）、教育学（含心理学、教育学与体育学）、地理学、哲学（含美学、宗教学）所统治。近年来大力发展文化旅游，使得文化学、历史学逐渐找到领地；旅游标准化和规范化使得法学显得重要；智慧旅游需要系统科学、计算机科学与技术。此外，旅游业态的多样化促进了建筑学、民族学、体育学、生态学、地质学的融入；旅游基础研究的深入又不断借助数学与统计学的各种方法与模型。旅游知识体系更具包容性。

通过文献综述进行归纳，发现对旅游的定义基本停留在技术层面，如时间标尺（如“超过 1 天但不超过 1 年”的要求）、空间标尺（如“离开惯常居住地”的要求）、目的标尺（如“不以盈利为目标”的要求，事实上“商务旅游”和“会展旅游”的迅猛发展已经迫使学术界放弃了原有的这一规定）。典型的例证是世界旅游组织（WTO）给出的定义：旅游是人们为了休闲、商务或其他目的，离开他们惯常的环境，到某些地方停留在那里，但连续不超过 1 年的活动（1991）。技术层面的解释对界定旅游产业范围（如统计口径方面）非常重要，但容易被表象蒙蔽，限制了对本质做进一步的认识。

这种研究方法的问题是，在持有某种学科背景和路径依赖的前提下看旅游本质，本身已经规定了自己的视域和工具，容易形成

“管中窥豹”“各自为政”与“互不相容”的弊端。这就是目前旅游科学理论体系始终无法归一和旅游知识共同体难以构建的原因所在。

4.1.1.2　对旅游概念的进一步抽象

旅游概念的形成方法应该透过现象看本质，再从抽象（规定概念）出发解释现象。即由表及里，以理容象。基于先贤在领域上的开拓创新和现代学者们的丰富完善，本书对旅游本质的认识试做出以下管见：旅游是出于旅游者的休憩与人性需要，凭借外在条件，暂时逸出常规的一种临时生活状态。具体解释如下：

首先，旅游的行为主体是“人”。旅游是人的天性，旅游的目的是基于人对物质世界的认识和对精神世界的追求双重需要。如完善知识、增长见闻，体验生活、感悟人生，修复身心、陶冶情操，心灵回归、发现自我等。

其次，旅游是一种临时生活状态，形式上是“逸出”与“回归”的结合。逸出是为了打破常规生活对人性的规定（时间、空间、身体、情绪、知识及人格等），寻求自我修复与自我实现。回归是人们获得旅游收益，重新进入惯常生活的必然选择（生存第一）。由于是生活状态，所以需要利用生活设施和生活服务。

最后，旅游必须凭借外在条件。如余暇、消费能力、旅游市场、资源环境、旅游产品与服务、辅助行业支持（如交通、餐饮、保险及市政设施）等。

4.1.2　旅游本质实现的二重性

旅游无论作为经济现象、文化现象还是社会现象，要想持续发展，必须建立在旅游者的旅游行为受到激励的基础之上。旅游行为一方面需要借助外在条件，另一方面还取决于旅游者个人对旅游经历的评价和反馈机制。这构成了旅游本质的二重性：内在体验和外在条件。

4.1.2.1 内在体验

人是高级意识形态和低级生物形态的结合。生物形态的人要求满足基本的生命维持、感官享受和安全状态，意识形态的人需要情感归属、尊重和自我实现。这就是马斯洛需求层次理论（Maslow's hierarchy of needs）的内核。除此之外，人类还有另外两种需要：求知需要和审美需要。这些需要都构成对旅游的动机。

旅游行为是旅游动机促发的。人们出游行为受各自的需求激励，这些需求是人的本质属性所决定的。旅游者通过旅游行为在物质层次上满足了对事物的好奇与体验，在精神层次寻找到完整的自我、感悟到人生，净化了心灵，完成了对自我的修复与实现。

人对物质的享受和对精神的感悟最终都内化在旅游者自身的内在体验上。内在体验成为旅游的本质的内化属性。

4.1.2.2 外在条件

旅游行为是通过借助一系列外部条件实现的。龙江智的“旅游场（Tourism Field）”概念论述了外在条件对旅游者实现内在体验的重要性。旅游活动是以经济发展、收入水平提高、社会进步、旅游资源的不断开发与完善、旅游产品和旅游服务的丰富作为基础和保证的。

4.1.3 旅游本质二重性的关系

旅游的内在体验决定了对旅游行为的评价，并对后续行为形成正的或负的反馈机制。马克思主义哲学认为物质第一性，意识第二性。这一规律解释了旅游内化和外化两种属性之间的关系。旅游外在条件是旅游内在体验实现的基础，旅游内在体验是旅游外在条件在旅游者思维中的意识状态。二者互为依托，缺一不可。忽视旅游本质的任何一面，都会得出片面的结论。

旅游本质二重性是旅游科学发展的出发点。旅游帮助人类得以自我完善与自我实现，同时为经济发展、社会文明和人的素质提升提供助力。旅游是人类文明程度在一定程度上的写照。

4.2 旅游发展的三要素

4.2.1 人的全面发展

人的全面发展是素质提升的必要途径。旅游是人们为了摆脱现实生活的规定性，寻求全面认识、提升和释放的过程。旅游行为的发生基于人类释放和寻找自己的能力。这项能力取决于人的基本素质。人的全面发展建立在地区的经济发展水平和居民一定的经济消费能力之上，建立在居民保障基本生活和基本医疗、教育、养老的基础上。由于旅游同时是文化活动和审美活动，也需要参与旅游活动的人具有较高的审美水平和价值观。根据国际经验，当一个国家或地区的人均 GDP 达到 1000 美元的时候，旅游开始进入快速发展时期。有良好文化和教育背景的旅游者，在旅游中获得的审美体验要更高。

可以体现人的全面发展的指标有：人均地区生产总值、城镇居民可支配收入、每十万人口高等学校在校生数、每千人口医疗卫生床位数等。

4.2.2 产业素质提升

旅游活动是以一定的资源和设施为依托，以景观、服务和体验为主要产业要素的一种实践活动。旅游产业的素质提升离不开旅游核心产业（住宿、景区、旅游企业）的规模、公共管理机构的服务(政府旅游管理部门、旅游协会、行业联盟)，以及旅游特征产业要素的提供（餐饮、交通运输、博物馆数量、餐饮企业数量、艺术表演等)。

在我国，旅游自然资源禀赋丰富的地区往往在经济落后地区。交通、住宿、餐饮和其他接待行业不完善、不发达，市政设施的供给水平低下，加上人才、技术流动不完全，使旅游发展严重受阻，游客满意度也不高，影响了旅游产业的整体素质。

反映旅游产业发展的经济指标有：入境旅游人数（万人次）、国际旅游收入（亿美元）、国内旅游人数（万人次）、国内旅游收入（亿元）、旅游业的基本单位数、旅游从业人员数等。反映特征产业要素的指标有：限额以上餐饮企业法人数、博物馆数量、艺术演映场次等。

4.2.3 综合环境保证

旅游是一项综合性社会活动，需要社会中各项产业的支持与配合。除了住宿业、旅行社、景区旅游车船公司等旅游核心企业，直接为游客服务或与旅游密切的产业还有餐饮、娱乐、铁路、航空、公路、水运、邮电通信、市政设施等13个产业，此外，还有旅游经济所衍及的100余个泛旅游部门和产业。这些部门的发展程度在一定意义上对旅游发展会造成直接或间接的影响。

4.3 旅游全面发展指标初筛

首先进行数据清理工作。将各省、直辖市、自治区的相关数据进行收集，录入IBM SPSS 21软件，检查数据是否有缺失值，检查数据分布的正态性，并进行标准化处理（Z标准化）。

4.3.1 假设生成

假设1：旅游全面发展由人的全面发展、旅游产业素质提升、综合环境保证三方面的因素决定。

假设2：人的全面发展可以由人均地区生产总值、城镇居民可支配收入、每十万人口高等学校在校生数、每千人口医疗卫生床位数等指标代表。

假设3：旅游产业素质可以由入境旅游人数（万人次）、国际旅游收入（亿美元）、国内旅游人数（万人次）、国内旅游收入（亿元）、旅游业的基本单位数、旅游从业人员数等指标进行描述。

假设4：综合环境保证有社会消费品零售总额、各地区客运量、邮电业务总量、清扫保洁面积、私人载客汽车拥有量等指标进行描述。

4.3.2 模型估计

根据前文所述的理论构建SEM模型（见图4－1）。通过多次调整和验证，将旅游业全面发展模型细化为人的发展、旅游产业素质

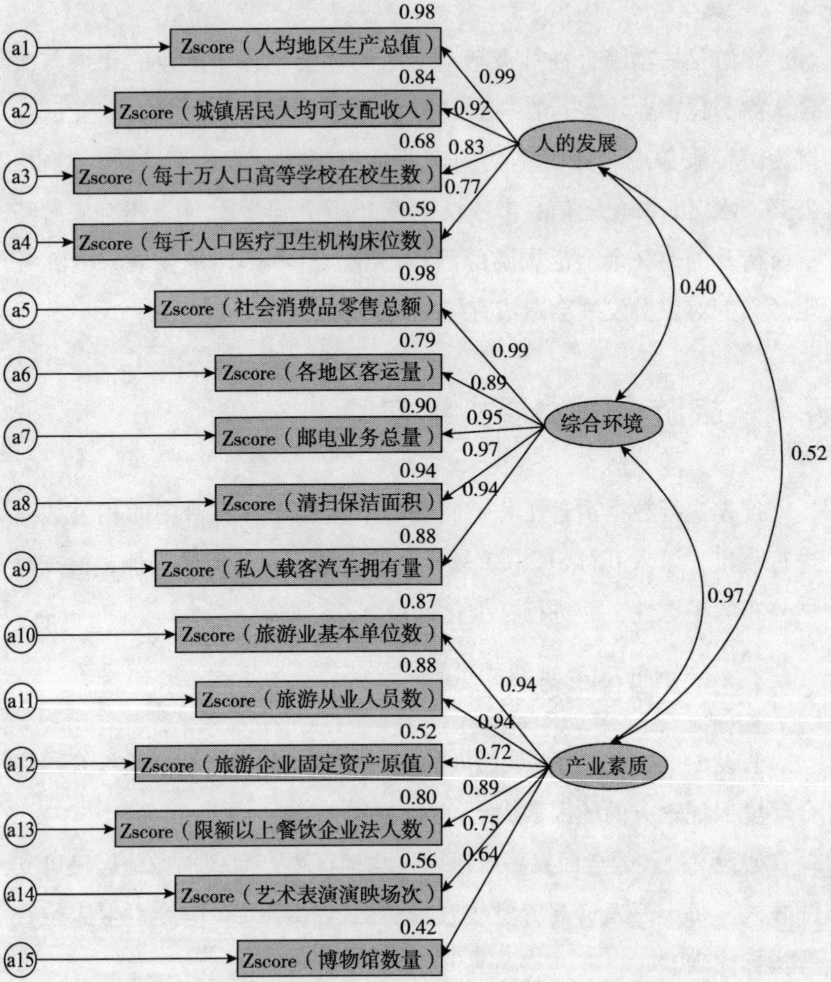

图4－1 标准化系数的验证性因子分析——旅游全面发展模型

和综合环境三个潜变量模型。将原有因子分别归类，修正为以下的验证模型，重新进行验证。经过 14 次迭代运算后，得到如下验证结果。

调整完毕的“全面发展度”指标体系模型的极大似然估计（Maximum Likelihood Estimates）结果如下：

4.3.2.1 回归权重及显著性检验（见表 4－1）

表 4－1 回归权重及显著性检验（旅游全面发展模型）

Regression Weights：（Group number 1 － Default model）

潜变量	观测变量	Estimate	S. E.	C. R.	P
产业素质	Z 限额以上餐饮企业法人数	0.954	0.111	8.578	* * *
产业素质	Z 旅游企业固定资产原值	0.775	0.146	5.312	* * *
产业素质	Z 旅游从业人员数	1.005	0.098	10.307	* * *
产业素质	Z 艺术表演演映场次	0.797	0.142	5.597	* * *
产业素质	Z 博物馆数量	0.689	0.158	4.370	* * *
综合环境	Z 邮电业务总量	0.956	0.063	15.150	* * *
综合环境	Z 各地区客运量	0.897	0.087	10.339	* * *
综合环境	Z 社会消费品零售总额	1.000			
综合环境	Z 清扫保洁面积	0.977	0.051	19.019	* * *
综合环境	Z 私人载客汽车拥有量	0.945	0.068	13.820	* * *
产业素质	Z 旅游业基本单位数	1.000			
人的发展	Z 人均地区生产总值	1.000			
人的发展	Z 每千人口医疗卫生机构床位数	0.777	0.123	6.307	* * *
人的发展	Z 每十万人口高等学校在校生数	0.835	0.111	7.552	* * *
人的发展	Z 城镇居民人均可支配收入	0.926	0.086	10.807	* * *

AMOS 软件对路径系数和载荷系数进行了统计显著性检验，原假设是系数等于 0。AMOS 软件的估计结果中 C. R. （Critical Ratio）为一个 Z 统计量，是估计值与标准差之比，即 t 值。同时，显示 C. R. 统计检验相伴概率 P，显示 * * * 表示 P 值显著，意味着这个路径系数在 95% 的置信度下与 0 存在显著性差异。因此，否定原假

设，认为该潜变量与测量变量存在密切关系。回归系数限定为1的观测变量是结构方程进行验证中的人为限定，表示起到度量标尺的作用，因此不提供检验。

在本模型中，回归系数的P值均显示＊＊＊，表示通过显著性检验。潜变量与所有测量变量之间均存在密切关系。

4.3.2.2 标准化的回归权重（见表4-2）

表4-2 标准化的回归系数（旅游全面发展模型）

Standardized Regression Weights:（Group number 1 - Default model）

观测变量	潜变量	Estimate
Z限额以上餐饮企业法人数	产业素质	0.892
Z旅游企业固定资产原值	产业素质	0.724
Z旅游从业人员数	产业素质	0.940
Z艺术表演演映场次	产业素质	0.745
Z博物馆数量	产业素质	0.644
Z邮电业务总量	综合环境	0.948
Z各地区客运量	综合环境	0.890
Z社会消费品零售总额	综合环境	0.992
Z清扫保洁面积	综合环境	0.969
Z私人载客汽车拥有量	综合环境	0.937
Z旅游业基本单位数	产业素质	0.935
Z人均地区生产总值	人的发展	0.989
Z每千人口医疗卫生机构床位数	人的发展	0.769
Z每十万人口高等学校在校生数	人的发展	0.826
Z城镇居民人均可支配收入	人的发展	0.916

标准化的回归权重可以视同为因素之间的相关关系。一般在社会科学中，因子载荷的检验标准是$R=0.55$，即解释大约30%（$R^2=0.55\times0.55=0.3025$）的信息，也即信度为30%。该模型估计出的标准化的回归系数均大于0.55，且均较高，说明有较高的拟合性。

4.3.2.3 相关系数估计（见表4-3）

表4-3 相关系数估计（旅游全面发展模型）

Correlations:（Group number 1 - Default model）

			Estimate
人的发展	<-->	综合环境	0.403
产业素质	<-->	综合环境	0.971
人的发展	<-->	产业素质	0.522

相关系数可以用于衡量潜变量间的相关程度，其系数越大表示相关程度越强。由验证分析可知，产业素质与社会综合环境之间的关系最为密切。

4.3.2.4 误差方差估计及显著性检验（见表4-4）

表4-4 误差方差估计及显著性检验（旅游全面发展模型）

Variances:（Group number 1 - Default model）

	Estimate	S. E.	C. R.	P	Label
产业素质	0.846	0.247	3.423	***	par_ 31
综合环境	0.951	0.248	3.831	***	par_ 32
人的发展	0.947	0.251	3.773	***	par_ 33
a15	0.566	0.148	3.834	***	par_ 34
a14	0.431	0.114	3.783	***	par_ 35
a13	0.198	0.056	3.525	***	par_ 36
a12	0.460	0.121	3.797	***	par_ 37
a11	0.113	0.036	3.135	0.002	par_ 38
a10	0.122	0.038	3.202	0.001	par_ 39
a9	0.118	0.033	3.612	***	par_ 40
a8	0.059	0.018	3.232	0.001	par_ 41
a7	0.098	0.028	3.540	***	par_ 42
a6	0.202	0.054	3.752	***	par_ 43
a5	0.016	0.010	1.629	0.103	par_ 44
a2	0.156	0.052	2.996	0.003	par_ 45

续表

	Estimate	S. E.	C. R.	P	Label
a4	0. 396	0. 106	3. 750	* * *	par_ 46
a3	0. 307	0. 084	3. 643	* * *	par_ 47
a1	0. 020	0. 038	0. 535	0. 593	par_ 48

误差方差均为正值，说明方程正定。误差方差的绝大多数 P 值显示为＊＊＊，表示通过显著性检验。

4. 3. 2. 5　平方复相关系数估计（见表 4 –5）

表 4 –5　平方复相关系数估计（旅游全面发展模型）

Squared Multiple Correlations：（Group number 1 – Default model）

观测变量	Estimate
Z 每十万人口高等学校在校生数	0. 683
Z 每千人口医疗卫生机构床位数	0. 591
Z 人均地区生产总值	0. 979
Z 城镇居民人均可支配收入	0. 838
Z 社会消费品零售总额	0. 983
Z 各地区客运量	0. 792
Z 邮电业务总量	0. 899
Z 清扫保洁面积	0. 939
Z 私人载客汽车拥有量	0. 878
Z 旅游业基本单位数	0. 874
Z 旅游从业人员数	0. 883
Z 旅游企业固定资产原值	0. 525
Z 限额以上餐饮企业法人数	0. 796
Z 艺术表演演映场次	0. 555
Z 博物馆数量	0. 415

平方复相关系数（R^2）表示测量信度。在社会科学中，该值一般应大于0. 3。表示潜变量能解释该显变量 30% 以上的变异信息。本模型中所有指标值的平方复相关系数均大于0. 3 的标准，说明解释能力较强，指标选取合适。

4.3.3 拟合检验

拟合优度指标见表4-6。

表4-6 拟合优度指标（旅游全面发展模型）

χ^2 = 249.50, df = 87, P = 0.000, 组合信度 = 0.981, AVE = 0.775

绝对拟合指标	CMIN/DF	2.868
	RMSEA	0.191
相对拟合指标	NFI	0.703
	IFI	0.784
	CFI	0.774

χ^2越大，表示S矩阵偏离Σ矩阵越远。CMIN/DF<4，一般可以认为模型是适合的。

模型拟合摘要（Model Fit Summary）见表4-7～表4-9。

表4-7 CMIN（旅游全面发展模型）

Model	NPAR	CMIN	DF	P	CMIN/DF
Default model	48	249.501	87	0.000	2.868
Saturated model	135	0.000	0		
Independence model	15	838.744	120	0.000	6.990

表4-8 Baseline Comparisons（旅游全面发展模型）

Model	NFI Delta1	RFI rho1	IFI Delta2	TLI rho2	CFI
Default model	0.703	0.590	0.784	0.688	0.774
Saturated model	1.000		1.000		1.000
Independence model	0.000	0.000	0.000	0.000	0.000

表4-9 RMSEA（旅游全面发展模型）

Model	RMSEA	LO 90	HI 90	PCLOSE
Default model	0.191	0.164	0.219	0.000
Independence model	0.343	0.321	0.365	0.000

本模型CMIN/DF的值为2.868，符合要求。组合信度为0.981，

大于0.6的标准，符合要求。AVE为0.775，大于0.5的标准，符合要求。相对拟合指数可接受范围是大于0.8，本书由于测量变量较多，样本量较少（31个省区），导致相对拟合指标达不到要求。

在一定程度上，SEM方程的修正不能单靠数据驱动而忽略理论驱动，所以，可以对该指标进行符合现实或理论意义的调整。模型修正的最终结果，是调整出一个有意义的模型，而不一定是拟合指标很好但无法解释具体问题的模型。

4.3.4 模型结论

结论1：旅游全面发展需要的条件是人的全面发展、社会全面进步和旅游产业的素质提升。人与社会的发展反映了一个社会的旅游消费能力，而产业素质提升是旅游供给能力的度量。旅游全面发展反映了旅游市场的供求力量。

结论2：人的全面发展包括具有良好的经济条件和消费能力、有良好的教育背景、有较好的医疗卫生条件。基本生活无忧、有消费能力和审美需求，才会促发旅游行为。

结论3：产业素质体现在旅游核心产业的整体规模及旅游特征产业要素供给。旅游规模体现在旅游核心产业（景区、酒店、旅行社）数量，旅游企业的固定资产数量和旅游从业人员的数量。旅游特征产业的要素丰裕程度体现在餐饮、娱乐、文化消费、文化设施的数量与层次。

结论4：旅游全面发展与社会综合环境的支撑有密切联系。体现为：市政设施、交通便利性、商业的发达程度、居民购买意愿、市容环保及居民出行便利程度。

综上，模型通过检验。建议在设立旅游发展测度体系时，将上述所有指标纳入模型进行核算。

5 旅游发展中的“人”——“协调发展”要求

协调发展是旅游健康发展的基本要求。协调是指相关事物之间和谐一致，配合得当。协调发展要求正确处理系统内外各种关系，为事物的正常运转创造良好的条件和环境。旅游活动本身是人与自然、人与社会、人与人之间和谐发展的实践活动。因此，用协调发展的思想指导旅游发展实践，是我国旅游业自改革开放以来取得长足发展的重要保障，也是实践发展的总结性论断。

旅游协调发展的定义，是指在旅游发展过程中，充分考虑人与自然、人与社会和人与人之间的关系，促使旅游发展中各利益相关者之间、区域之间、旅游产业与其他各项产业发展之间、旅游发展与人口、社会、资源、环境之间实现良性互动、和谐发展的状态。其中“人”是旅游协调发展的核心。

5.1 旅游发展中人与人的关系

5.1.1 旅游发展中“人”的经济行为分析

旅游发展需要公平透明的利益分享机制。旅游发展与人的行为和利益密切相关。旅游发生的过程是旅游各个行为主体之间在资源、利益、权益和地位上的博弈过程。主要的途径是旅游交易和旅游行为协调。

旅游过程中主要涉及的利益主体有：旅游者、旅游服务商、旅游从业人员、投资者、代理商、供应商、管理者、旅游地居民。

对于旅游者来说，他们是旅游消费行为的发出者，其核心利益是通过旅游获得非同正常生活状态的新体验，得到高质量的旅游产品和服务，得到心理上的满足，正常的消费权益受到保护，出行安全，在旅游过程中与旅游服务人员互动良好，与旅游地居民沟通顺畅并相互尊重。

对于旅游服务商来说，他们是旅游产品和服务的组合与供给者，其核心利益是通过扩大销售争得市场份额，获取理想的利润，确保充足顺畅的现金流量，通过提供高品质的旅游产品扩大品牌美誉度，保持经营和人员的稳定性。

对于旅游从业人员来说，他们是旅游产品和服务的直接提供者，他们希望通过诚实劳动获得工资和报酬，保持工作的稳定性，有良好的工作条件和较好的人际关系。

对于投资者，他们希望获取政策上的优惠与便利，确保投资收益，降低投资风险，对所投资的行业和领域有良好预期。

对于旅游代理商，他们通过代理产品和服务，期望通过扩大交易而获得更多的佣金，并与旅游服务商及其他产品提供者保持稳定良好的合作关系。

对于供应商，他们负责满足食、住、行、游、购、娱等产品的采购。期望通过扩大服务商采购量获得更满意的利润，同时保持长久的业务关系。

对于公共管理者，负责提供行业监管和公共服务。期望通过努力提高区域旅游品牌的号召力，扩大影响，稳定旅游市场秩序、确保游客人身财产安全。同时，获得更好的发展政策，通过旅游业发展为地方财政做出贡献。

对于旅游地居民，希望通过发展旅游业得到更多的就业机会，增加收入。同时也希望旅游活动不在很大程度上影响生活秩序和生活环境，或者如果构成影响可以得到合理补偿，共享旅游收益。

旅游者的核心利益第一。没有旅游行为的发生和旅游交易过程，就不存在这样的一个利益体系。因此，旅游者发出旅游行为是利益共享的前提。基于此，旅游者的地位是决定性的，因此旅游者的核心利益是最应当受到保护的。

5.1.2 旅游利益相关者关系图谱及互动

利益相关者是指影响目标或被目标影响的所有群体或个人的集合。旅游中的各个行为活动主体构成了旅游发展的利益相关群体。他们之间存在着各种复杂的利益相关关系。

旅游利益关系图谱见图5－1。

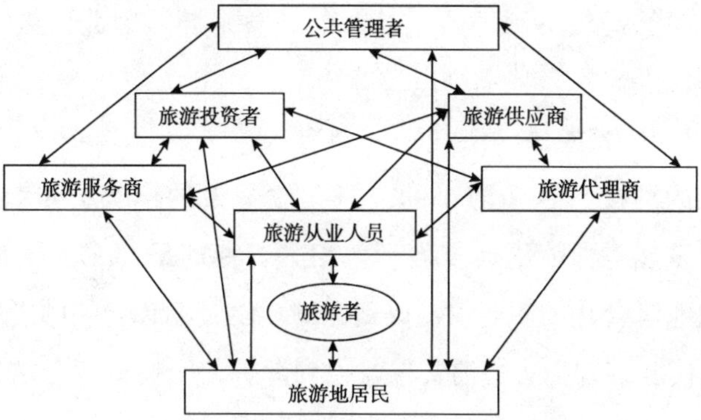

图5－1 旅游发展的利益关系图谱

与旅游者直接密切相关的是旅游从业人员和旅游地居民。他们构成了直接消费环境和服务环境。从业人员提供的产品与服务，当地居民的友善程度和附加服务直接影响游客满意度。而从业人员能否提供好的产品和服务取决于是否得到理想的工资报酬和福利待遇，也取决于旅游服务商和旅游代理商的产品组合能力、盈利能力、人员素质和能力培训。而服务商的产品组合能力又取决于投资人的资金支持力度和供应商的产品供给能力。所有的企业活动是否有序、合法，均取决于公共管理者的监管和公共服务功能。旅游地居民的利益是需要尊重的，他们大多被动参与旅游发展，由于自身意识不到位、利益诉求不足、权利缺失等原因，有可能受到来自游客对正常生活秩序和生活环境的干扰，也可能受到投资商或政府相关机构征地拆迁、投资入股、吸纳就业、经营许可等行为的影响，也可能与旅游企业和旅游从业人员形成利益上的合作或冲突。

5.1.3 旅游利益相关者的协调机制

5.1.3.1 重视游客满意度

在利益关系图谱中，旅游者是利益关系的核心。游客利益至上是旅游协调发展的核心。提高游客满意度可以提升旅游地和旅游企业的品牌美誉度，从而扩大市场份额，使旅游经营可持续发展。宰客欺客行为无异于“杀鸡取卵”，一时的不义之举毁坏了得之不易的名声，一时的蝇头小利损毁了长久的利益来源。因此，旅游科学发展，必须以人为本，特别是以游客为本。

5.1.3.2 完善法律法规

个人的维权力量是弱小的，但无数个人的不满力量是强大的。旅游科学发展应保障绝大多数利益相关者特别是“个人”的合法权益。使从业者合法的职业权益得到保护，使经营者合法的经营权益得到保护，使旅游者合法的消费权益得到保护，使投资者合法的投资权益得到保护，这是政府和公共管理者必须履行的义务。这个条件无法满足，导游的职业归属和收入来源就无法保障，居民的生活和所有权就会受到干扰和侵害，投资就会寻租腐败，宰客、欺客行为就会猖獗。

5.1.3.3 建立更多软性指标

目前，能描述旅游发展中人与人之间关系的指标只有中国旅游研究院每年发布的重点城市游客满意度报告。建立以人为本的科学发展观，应建立更多的软性指标，以衡量旅游发展之于人的发展的意义和贡献。

5.2 旅游发展中“人与经济社会协调发展”指标初筛

本章仅构建旅游协调发展中的“人与经济社会协调发展”模型。

鉴于“产业联动”协调发展的模型在试验多次后拟合效果不佳，故略去构建和拟合过程；鉴于“区域旅游发展协调”问题将是本文的结论，是在所有计算全部完成后才能得到的结果，故本章略去区域协调分析，具体结果分析参见第8、9、10章；鉴于旅游中的“人与自然和谐发展”与可持续发展理论有重合，故将环境包容问题放在第6章中讨论；鉴于旅游中“人与人”之间的和谐发展缺乏软性指标支撑，故将反映游客满意度的指标放在人与社会经济和谐发展模型中一并研究。

5.2.1 假设生成

旅游业的协调发展体现在省会城市游客满意度、人均地区生产总值、最终消费率、三次产业贡献率、城乡消费水平对比、社会保障就业财政支出、搜索××旅游网页数、互联网普及率、交通事故死亡人数等指标（见图5-2）。

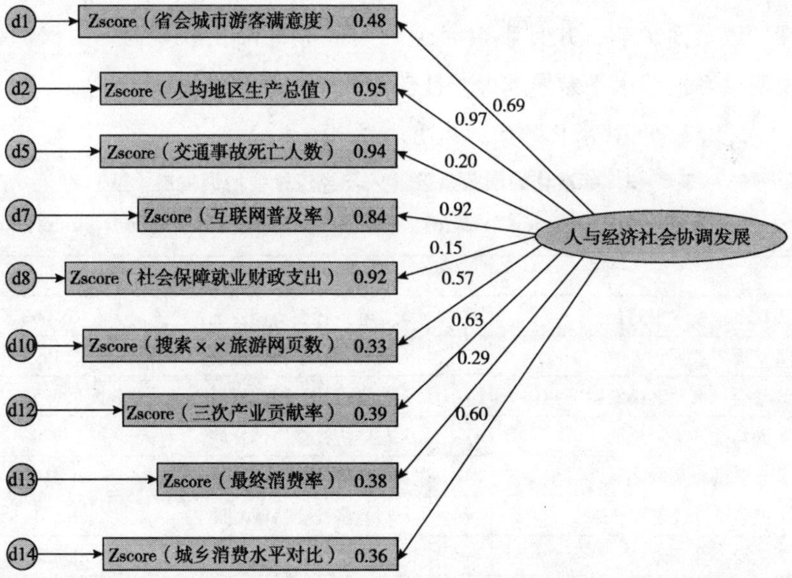

图5-2 旅游协调发展中“人与经济社会协调发展”模型估计

5.2.2 模型估计

5.2.2.1 回归权重及显著性检验（见表5－1）

表5－1 回归权重及显著性检验（人与经济社会协调发展模型）

Regression Weights:（Group number 1 － Default model）

			Estimate	S. E.	C. R.	P
Z城乡消费水平对比	←	人与经济社会协调发展	－0.866	0.269	－3.215	0.001
Z交通事故死亡人数	←	人与经济社会协调发展	0.286	0.266	1.074	0.283
Z省会城市游客满意度	←	人与经济社会协调发展	1.000			
Z人均地区生产总值	←	人与经济社会协调发展	1.401	0.281	4.992	***
Z互联网普及率	←	人与经济社会协调发展	1.319	0.275	4.802	***
Z搜索××旅游网页数	←	人与经济社会协调发展	0.826	0.269	3.067	0.002
Z三次产业贡献率	←	人与经济社会协调发展	0.904	0.270	3.350	***
Z社会保障就业财政支出	←	人与经济社会协调发展	0.218	0.266	0.818	0.413
Z最终消费率	←	人与经济社会协调发展	－0.415	0.267	－1.558	0.119

由表5－1可以看出，城乡消费水平对比对人与经济社会协调发展形成负面影响，并且影响因子较大（非标准化权重为－0.866）。说明城乡消费水平差异越大，社会协调感就越缺失。

5.2.2.2 标准化的回归权重（见表5－2）

表5－2 标准化的回归系数（人与经济社会协调发展模型）

Standardized Regression Weights:（Group number 1 － Default model）

			Estimate
Z城乡消费水平对比	←	人与经济社会协调发展	－0.602
Z交通事故死亡人数	←	人与经济社会协调发展	0.199
Z省会城市游客满意度	←	人与经济社会协调发展	0.695
Z人均地区生产总值	←	人与经济社会协调发展	0.973
Z互联网普及率	←	人与经济社会协调发展	0.916
Z搜索××旅游网页数	←	人与经济社会协调发展	0.574
Z三次产业贡献率	←	人与经济社会协调发展	0.628
Z社会保障就业财政支出	←	人与经济社会协调发展	0.151
Z最终消费率	←	人与经济社会协调发展	－0.289

以上指标组合的分析中，对旅游协调发展影响最大的因素分别是：人均地区生产总值、互联网普及率、省会城市游客满意度、三次产业贡献率和城乡消费水平对比（负向）。由此可见，和谐的前提是经济实力、城建发展水平、游客满意度和产业结构的提升与城乡消费差异的降低。

交通事故死亡率、最终消费率和社会保障就业财政支出对人与经济社会协调发展的解释力较低。建议在建立旅游发展测度体系中适当取舍。

5.2.2.3　误差方差估计及显著性检验（见表5－3）

表5－3　误差方差估计及显著性检验（人与经济社会协调发展模型）

Variances：（Group number 1 － Default model）

	Estimate	S. E.	C. R.	P	Label
人与经济社会协调发展	0.467	0.215	2.168	0.030	par_ 18
d1	0.501	0.134	3.746	* * *	par_ 19
d7	0.155	0.060	2.568	0.010	par_ 20
d5	0.930	0.239	3.897	* * *	par_ 21
d2	0.051	0.052	0.985	0.325	par_ 22
d8	0.946	0.243	3.899	* * *	par_ 23
d14	0.617	0.162	3.812	* * *	par_ 24
d13	0.887	0.228	3.889	* * *	par_ 25
d12	0.586	0.154	3.797	* * *	par_ 26
d10	0.649	0.170	3.825	* * *	par_ 27

误差方差均为正值，且大多数通过显著性检验，说明方程正定，指标选取较为合理。

5.2.2.4　平方复相关系数估计（见表5－4）

表5－4　平方复相关系数 R^2 估计（人与经济社会协调发展模型）

Squared Multiple Correlations：（Group number 1 － Default model）

	Estimate
Z 搜索××旅游网页数	0.329
Z 三次产业贡献率	0.394
Z 最终消费率	0.083

续表

	Estimate
Z城乡消费水平对比	0.362
Z社会保障就业财政支出	0.023
Z人均地区生产总值	0.947
Z交通事故死亡人数	0.039
Z互联网普及率	0.840
Z省会城市游客满意度	0.483

没有通过拟合优度低限（0.3）的指标有社会保障就业财政支出、交通事故死亡人数、最终消费率三项。由于不同的指标组合有可能产生不同的结果，鉴于旅游安全与人民的基本生活保障对发展旅游的意义重大，可以暂时将其纳入待选指标。在后面的旅游发展测度体系中，再在不同的指标组合中进行调整取舍。

5.2.3 拟合检验

拟合优度指标见表5-5。

表5-5 拟合优度指标（人与经济社会协调发展模型）

$\chi^2 = 81.229$，$df = 27$，$P = 0.000$，组合信度 = 0.657，AVE = 0.389

绝对拟合指标	CMIN/DF	3.008
	RMSEA	0.188
相对拟合指标	NFI	0.577
	IFI	0.671
	CFI	0.631

CMIN/DF<4，一般可以认为模型是适合的。本模型CMIN/DF的值为3.008，符合要求。组合信度为0.657，大于0.6的标准，符合要求。AVE约为0.4，略小于0.5的标准，可以考虑在模型基础上进行优化，去掉载荷系数低的指标，但考虑到未来在建立旅游测度体系时有不同指标组合，建议暂时保留。

模型拟合摘要（Model Fit Summary）见表5-6~表5-9。

表 5－6 CMIN（人与经济社会协调发展模型）

Model	NPAR	CMIN	DF	P	CMIN/DF
Default model	27	81.229	27	0.000	3.008
Saturated model	54	0.000	0		
Independence model	9	192.048	45	0.000	4.268

表 5－7 Baseline Comparisons（人与经济社会协调发展模型）

Model	NFI Delta1	RFI rho1	IFI Delta2	TLI rho2	CFI
Default model	0.577	0.295	0.671	0.385	0.631
Saturated model	1.000		1.000		1.000
Independence model	0.000	0.000	0.000	0.000	0.000

表 5－8 RMSEA（人与经济社会协调发展模型）

Model	RMSEA	LO 90	HI 90	PCLOSE
Default model	0.188	0.142	0.235	0.000
Independence model	0.239	0.205	0.275	0.000

5.2.4 模型结论

人均地区生产总值、互联网普及率、省会城市游客满意度、三次产业贡献率和城乡消费水平对比（负向）是影响旅游和谐发展的重要因素。

以上指标组合的分析中，交通事故死亡率、最终消费率和社会保障就业财政支出对人与经济社会协调发展的解释力较低。建议在建立旅游发展测度体系中适当取舍。

除了以上模型所示结论外，做好旅游协调发展需要树立“大旅游、大产业、大市场”的发展理念，还要统筹区域均衡发展，统筹城乡发展，旅游与休闲度假相结合、国内市场与国际市场相结合。除此之外，不同产业间的相互融合和联动，也是未来旅游协调发展的要求。旅游产业与第一产业、第二产业及其他服务业相融合，可以帮助各区域之间发展相协调、城乡发展相协调。

6 旅游发展的路径依赖——“可持续发展”要求

可持续发展问题源于对资源枯竭、环境破坏、人口膨胀、气候变化、贫富差距等发展问题的反思。至今，可持续发展已经成为人类共同的行为准则。

旅游的可持续发展强调以人为中心，以自然、经济和社会形成的复合系统为视角，在旅游发展过程中，不仅满足当代人的各项旅游需求，还要考虑到旅游资源的长远持久开发和子孙后代的旅游利益需求。

旅游可持续发展的实质是促进旅游与人口、社会、资源和环境之间协调发展。实现旅游可持续发展需要考虑到旅游在未来时期的成长潜力、旅游资源的环境包容能力和旅游发展的具体路径所造成的局限，正确处理旅游资源的适度开发和环境保护的关系。

6.1 旅游的“可持续发展”理论

旅游的可持续发展就是谋求旅游活动与自然环境、人口文化相互和谐。首先，可持续发展要求旅游活动和资源环境能力相适应，在生态承载范围之内进行；其次，可持续活动要求旅游发展有一定的潜力和动量，保持合理的增长速度。

6.1.1 环境包容力

6.1.1.1 环境容量

人类活动消耗了生态资源，而生态资源的自净性、有限性和可恢复功能形成了人类活动在下一阶段的制约因素。过度破坏生态资源和生态环境会造成不可弥补的损失。因此，旅游活动应该考虑环境和生态系统的承载力。环境容量是一个无法直接测量的指标，只能用一些代表环境容量和生态系统储备资源的指标替代。如草地面积、湿地面积、森林积蓄量、自然保护区占比、省会城市空气质量二级以上天数所占比重、建成区绿化等覆盖率、人均公园占地面积等。

6.1.1.2 环境可持续发展

发展旅游业应处理好资源开发与保护环境之间的关系，将旅游开发置于代际配置的考虑之下。减少粗放的旅游发展模式和无限度的旅游项目建设对环境的破坏和对可持续发展的影响。

6.1.2 旅游发展潜力

旅游的发展潜力是指在经济、社会、文化等支撑条件下，整个经济社会能保持一定的发展速度，这个惯性才会辐射到旅游发展，能为下一阶段提供动量和驱动力。

旅游的可持续发展依赖于消费能力的持久增加，依赖于商业、服务业保持一定的增长速度，旅游产业规模适度扩张，也依赖于环境可持续发展。

6.2 “旅游可持续发展”指标初筛

6.2.1 假设生成

假设1：旅游的可持续发展取决于旅游发展的潜力和环境对旅游发展的包容力。

假设2：旅游发展是否具有潜力，取决于地区经济的发展潜力（地区生产总值指数）、三次产业的发展潜力（三次产业增长指数）、社会商业发展潜力（社会消费品零售总额增长率）、环境的优化程度（省会城市空气质量达到二级以上天数占全年的比重）、旅游业的发展潜力（旅游总收入增长率、旅行社数量增长率）。

假设3：旅游发展的包容能力，取决于未全面开发的生态资源的存量（可利用草原面积、湿地面积占国土面积的比重、自然保护区占辖区面积比重、森林蓄积量），以及已开发的生态旅游资源（建成区绿化覆盖率、人均公园绿地面积）等。

6.2.2 模型估计

将处理好的数据代入 IBM SPSS AMOS 软件进行最大似然估计（Maximum Likelihood Estimates），得到的结果见图6－1。

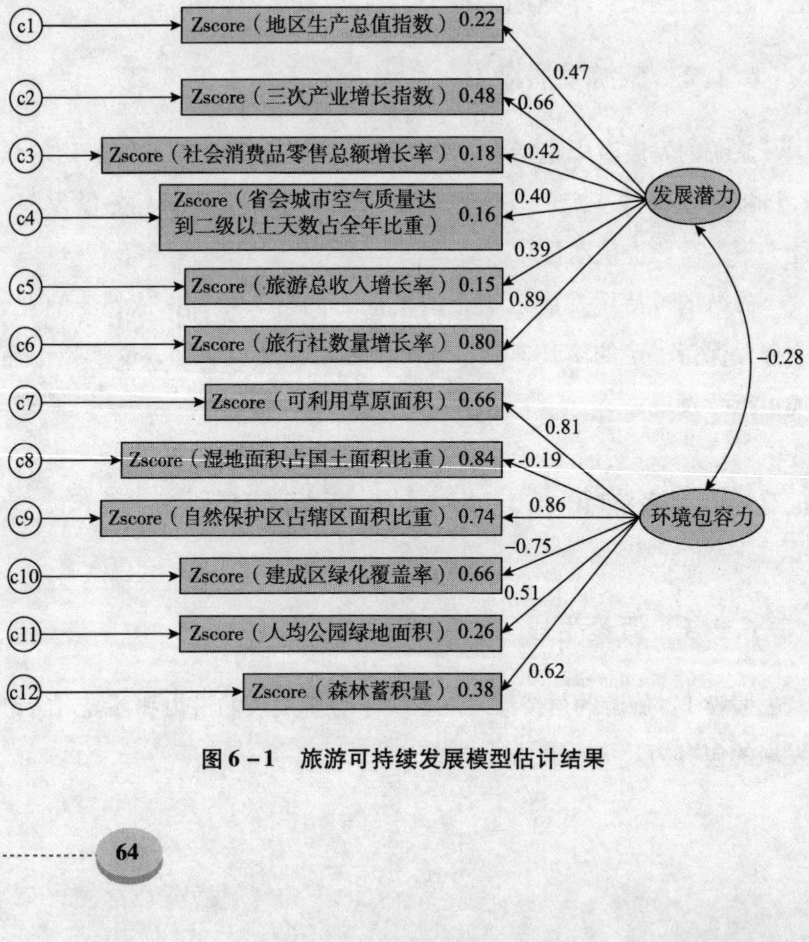

图6－1 旅游可持续发展模型估计结果

6.2.2.1 回归权重估计及显著性分析（见表6－1）

表6－1 回归权重估计及显著性分析（旅游可持续模型）

Regression Weights：（Group number 1 － Default model）

			Estimate	S. E.	C. R.	P	Label
Z建成区绿化覆盖率	←	环境包容力	－0.870	0.193	－4.518	＊＊＊	par_ 1
Z自然保护区占辖区面积比重	←	环境包容力	1.000				
Z可利用草原面积	←	环境包容力	0.945	0.190	4.980	＊＊＊	par_ 2
Z湿地面积占国土面积比重	←	环境包容力	－0.226	0.223	－1.016	0.310	par_ 3
Z人均公园绿地面积	←	环境包容力	－0.598	0.209	－2.854	0.004	par_ 4
Z森林蓄积量	←	环境包容力	0.721	0.202	3.563	＊＊＊	par_ 5
Z旅行社数量增长率	←	发展潜力	1.000				
Z三次产业增长指数	←	发展潜力	0.736	0.229	3.217	0.001	par_ 6
Z地区生产总值指数	←	发展潜力	0.530	0.221	2.398	0.016	par_ 7
Z社会消费品零售总额增长率	←	发展潜力	0.468	0.220	2.126	0.033	par_ 8
Z省会城市空气质量达到二级以上天数占全年比重	←	发展潜力	0.450	0.220	2.042	0.041	par_ 9
Z旅游总收入增长率	←	发展潜力	－0.432	0.220	－1.963	0.050	par_ 10

6.2.2.2 标准化的回归权重估计（见表6－2）

表6－2 标准化的回归权重估计（旅游可持续模型）

Standardized Regression Weights：（Group number 1 － Default model）

			Estimate
Z建成区绿化覆盖率	←	环境包容力	－0.749
Z自然保护区占辖区面积比重	←	环境包容力	0.860
Z可利用草原面积	←	环境包容力	0.813
Z湿地面积占国土面积比重	←	环境包容力	－0.195
Z人均公园绿地面积	←	环境包容力	－0.514

续表

			Estimate
Z 森林蓄积量	←	环境包容力	0.620
Z 旅行社数量增长率	←	发展潜力	0.895
Z 三次产业增长指数	←	发展潜力	0.659
Z 地区生产总值指数	←	发展潜力	0.474
Z 社会消费品零售总额增长率	←	发展潜力	0.419
Z 省会城市空气质量达到二级以上天数占全年比重	←	发展潜力	0.402
Z 旅游总收入增长率	←	发展潜力	-0.386

解释力较好的指标有：旅行社数量增长率、自然保护区占辖区面积比重、可利用草原面积、建成区绿化覆盖率、三次产业增长指数、森林蓄积量、人均公园绿地面积。

6.2.2.3 相关系数分析（见表6-3）

表6-3 相关系数分析（旅游可持续模型）

Correlations:（Group number 1 - Default model）

			Estimate
发展潜力	↔	环境包容力	-0.275

相关系数为负数，说明旅游活动的增长是以环境破坏作为代价的。

6.2.2.4 误差方差分析（见表6-4）

表6-4 误差方差估计及显著性检验（旅游可持续模型）

Variances:（Group number 1 - Default model）

	Estimate	S.E.	C.R.	P	Label
环境包容力	0.716	0.256	2.795	0.005	par_24
发展潜力	0.775	0.299	2.590	0.010	par_25
c8	0.931	0.240	3.881	***	par_26
c7	0.329	0.120	2.751	0.006	par_27
c11	0.712	0.192	3.704	***	par_28
c10	0.425	0.134	3.171	0.002	par_29

续表

	Estimate	S. E.	C. R.	P	Label
c12	0. 596	0. 168	3. 554	* * *	par_ 30
c9	0. 252	0. 112	2. 256	0. 024	par_ 31
c6	0. 193	0. 181	1. 064	0. 287	par_ 32
c5	0. 823	0. 218	3. 771	* * *	par_ 33
c2	0. 548	0. 174	3. 143	0. 002	par_ 34
c1	0. 750	0. 204	3. 672	* * *	par_ 35
c4	0. 811	0. 216	3. 757	* * *	par_ 36
c3	0. 798	0. 213	3. 740	* * *	par_ 37

6.2.3 拟合检验

拟合检验情况见表6－5～表6－7。

表6－5　拟合优度指标（旅游可持续模型）

$\chi^2 = 82.358, df = 53, P = 0.006$，组合信度 $= 0.557$，$AVE = 0.402$

绝对拟合指标	CMIN/DF	1. 554
	RMSEA	0. 099

表6－6　CMIN（旅游可持续模型）

Model	NPAR	CMIN	DF	P	CMIN/DF
Default model	37	82. 358	53	0. 006	1. 554
Saturated model	90	0. 000	0		

表6－7　RMSEA（旅游可持续模型）

Model	RMSEA	LO 90	HI 90	PCLOSE
Default model	0. 099	0. 054	0. 139	0. 040

6.2.4 模型结论

结论1：发展潜力（0.78）和环境包容力（0.72）对旅游可持续发展起着重要的决定性作用。

结论2：旅游发展潜力与环境包容力呈现负相关（-0.28）关系，说明旅游发展是以环境包容力的下降为代价的，因此，应当在发展旅游过程中，尽量合理开发旅游资源，保护环境与旅游开发并举，同时提倡出游方式集约化、低碳化，减少旅游行为和旅游产业对环境造成的负面影响。

结论3：对环境包容力形成正面影响的因素分别是自然保护区占辖区面积比重（0.860）、可利用草原面积（0.813）、森林蓄积量（0.620），正面影响力降序排列；对环境包容力形成负面影响的分别是：湿地面积占国土面积比重（-0.195）、人均公园绿地面积（-0.514）、建成区绿化覆盖率（-0.749），负面影响升序排列。可见，人类活动范围扩展会降低环境包容能力。

结论4：影响旅游可持续发展潜力的因素主要有旅行社数量增长率（1.000）、三次产业增长指数（0.736）、地区生产总值指数（0.530）、社会消费品零售总额增长率（0.468）、省会城市空气质量达到二级以上天数占全年比重（0.450）、旅游总收入增长率（-0.432），影响力降序排列。由此可见，旅游业的可持续发展依然是以旅游产业规模扩展和社会消费环境及居民消费能力为基础的，旅游总收入增长率与可持续发展之间呈负向关系，在一定程度上说明旅游发展增速在给定时间内是有限制的，暂时的高速增长可能是“寅吃卯粮”的结果。

7 旅游科学发展理论及规制目标

本章是理论综合部分，拟将前面第4、5、6章论述的“旅游全面发展理论”“旅游协调发展理论”和“旅游可持续发展理论”进行整合，建立“旅游科学发展理论”体系。旨在提供一个理论上的“全视角”，为后面实证研究构建模型提供理论基础。

7.1 旅游科学发展观的理论框架

7.1.1 旅游科学发展观的中心与内核

如前所述，旅游科学发展的核心是“人”，这是旅游业持续发展的本质要求。旅游发展中“人”的概念是指参与旅游实践活动中的所有人：游客、旅游地居民、旅游从业人员。首先，游客是旅游发展中的主体，旅游开发应以游客安全健康为保障，以游客需求和游客便利为导向，以游客满意为宗旨，为游客提供内涵更加丰富、充满人文关怀的旅游体验和旅游商品；其次，旅游地居民的利益应当受到尊重，旅游开发不应以剥夺旅游地居民的居住权、受益权、扰乱生活秩序和降低生活质量为代价；最后，旅游经营者正常的经营权和正当经营的收益权应当受到保护。所有参与旅游活动的人共同享有旅游发展成果是旅游发展的终极目标。

7.1.2 理论体系示意

在前面三章的分析基础上，本部分将从“以人为本”的角度出发，正确把握旅游本质，将科学发展观理论引入旅游基础理论研究中，初步建立旅游科学发展观的理论体系，厘清旅游发展的本质、目标及价值取向，明确旅游科学发展的内涵与要求，为建立指标体系搭建理论框架。

旅游的科学发展理论体系构造见图7－1。

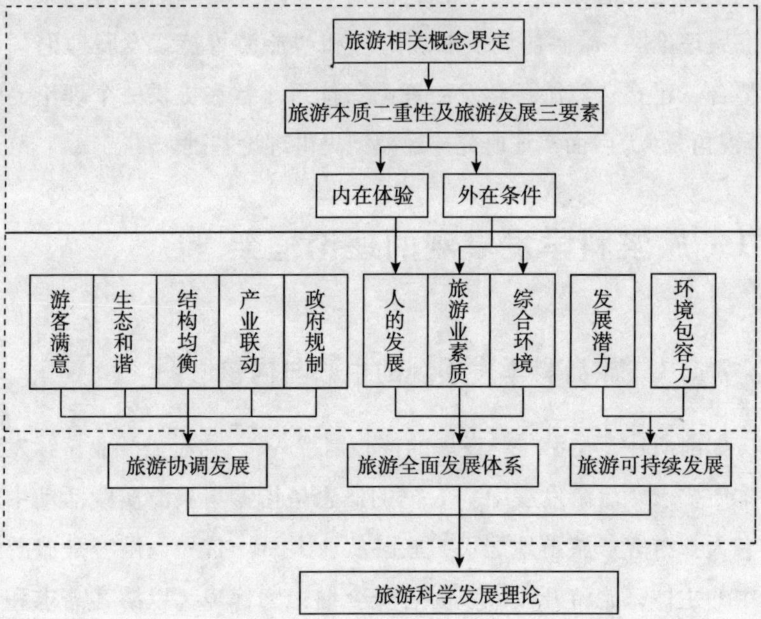

图7－1 旅游科学发展理论体系构造示意图

7.1.3 理论框架

根据前述几章的分析，旅游科学发展观理论综合如下。

7.1.3.1 旅游全面发展理论

综合第4章所述，“以人文本”、旅游本质二重性和旅游发展三要素构成“旅游全面发展”的理论基点。

第一，“以人为本”是旅游科学发展的思维起点。旅游的发展成果应惠及全体人民。旅游是人的全面发展的基本需求，旅游发展成果不仅应惠及地方经济发展需要和解决人口就业的需要，更应从尊重旅游者的物质需要和精神需要出发，尊重当地居民的文化习惯和生活形态，尊重社会审美和公众价值观，做到统筹发展、和谐发展和可持续发展。只有从旅游本质、旅游之于人的自我实现等实际需求出发，致力于实现人们这些物质和精神需求，才能达到“人”的满意。忽略对“人”的考虑和尊重，可持续发展就谈不上，科学发展更是无从谈起。

第二，旅游的本质有内在和外在两重属性。从内在角度看，旅游是人对自然的审美、对自身的修复、寻找、升华和实现的精神需求；从外在角度看，旅游需要借助旅游核心产业和旅游辅助产业的物质实现，还需要消费能力、余暇时间、社会保障和大众意识做基础。旅游需求的内在属性诱发旅游消费动机、过程与行为，外在属性决定了旅游中的行动选择、实现程度、游客满意与游后行为。

第三，旅游发展有“三要素”。旅游发展是建立在人的全面发展、产业素质提升和社会全面进步基础上的。

7.1.3.2 旅游协调发展理论

综合第5章所述，旅游科学发展的出发点就是了解各利益相关者的诉求及相互关系，在他们之间建立一种平衡、协调的利益分享机制。同时，应协调好“人与人”“人与自然”“人与社会”的相互关系，谨记“人民群众更加满意的现代服务业”定位，实现和谐发展。旅游是一项复杂的综合性活动，涉及不同地域的游客、服务人员、当地居民、政府管理者及社会公众等。这些人群构成了旅游利益相关者复杂的关系图谱。旅游要实现科学发展必须协调好各利益相关者之间的关系与行为。

7.1.3.3 旅游可持续发展理论

旅游的可持续发展需要旅游资源和经济社会发展双方面的支撑。

一方面，是旅游资源的可持续发展。旅游资源分为自然资源和人文资源。自然资源保护涉及人口、资源、环境和经济的匹配性兼容和可续性开发，尊重代际环境公正和公民的环境权。应尽快立法明晰产权，调整政府的“规制收买”和规划粗放行为，避免进入危及旅游生态环境的恶性循环。另一方面，经济和社会发展潜力形成旅游经济活动的重要支撑。旅游经济的活力取决于社会经济环境的可持续发展能力。

7.2 旅游科学发展测度体系的可选指标

基于第 4 章、第 5 章和第 6 章的指标初筛的计量分析，旅游科学发展测度体系的备选指标总结如下：三次产业贡献率、旅游就业人数占总就业人数百分比、旅游业总收入占地区生产总值比重、国际旅游收入占旅游业总收入比重、旅游总收入、省会城市游客满意度、搜索××（省市自治区名）旅游网页数、互联网普及率、交通事故死亡人数、优秀旅游城市数、社会保障就业财政支出、人口自然增长率、限额以上餐饮企业法人数、旅游企业固定资产原值、旅游从业人员数、艺术表演演映场次、博物馆数量、邮电业务总量、各地区客运量、社会消费品零售总额、清扫保洁面积、私人载客汽车拥有量、旅游业基本单位数、人均地区生产总值、每千人口医疗卫生机构床位数、每十万人口高等学校在校生数、城镇居民人均可支配收入、建成区绿化覆盖率、自然保护区占辖区面积比重、可利用草原面积、湿地面积占国土面积比重、人均公园绿地面积、森林蓄积量、旅行社数量增长率、三次产业增长指数、地区生产总值指数、社会消费品零售总额增长率、省会城市空气质量达到二级以上天数占全年比重、旅游总收入增长率。

将以上指标收集齐备（见附录 1），进行归一化处理，形成数据池。

7.3 旅游发展规制目标

公权是公民为了实现更好的组织利益，出让自己的一部分权利，交给代表他们的集体或国家的公共管理机构代为行使，以便纠正市场失灵问题，实现全体公民的共同福祉和良好的社会秩序的那部分权利。公权包括立法、司法、治安和管理经济、文化、社会的行政活动。

为了实现旅游全面、协调、可持续发展，旅游公权规制目标如下。

7.3.1 立法明确界定旅游利益相关者权责利

旅游法首先应明确界定旅游利益相关者各自的权利、义务和责任。旅游的战略性支柱产业定位不应该建立在挤占旅游者更多消费剩余的基础上，而是要建立在因旅游者权益受到法律保护，而让更多人实现放心消费甚至扩大消费的基础之上。旅游的产业效益也不应建立在依靠公共资源收取高价门票等的盘剥行为上，而应建立在游客满意所回馈的重复消费和扩大消费基础上。

旅游各利益相关者都能得到长期合理收益是旅游可持续发展的条件。立法是建立合理秩序的公共选择，没有明确的行为主体权、责、利的制度性界定，依靠吵吵闹闹、投诉仲裁来换取一时的利益平衡，依靠“旅游日”和“消费者权益保护日”的打折或免票来回归旅游的公益性和体现游客至上的理念，是不可持续的权宜之计。

7.3.2 限制过度垄断

稀缺的独特资源容易形成自然垄断，政府的授权经营形成制度垄断。垄断经营的直接后果是高价和不完全产品，间接后果是寻租与腐败。无论哪种结果，都是以丧失公共管理者形象和侵占消费者权益作为代价的。价格规制和进入规制是限制过度垄断的重要手段，公共资源的经营利润应受到法律支持的价格管制。企业资信、注册申报、审批手续等方面的进入管制应受到立法支持。政府直接或间接经营旅游企业的行为应全面禁止。

7.3.3 确保公共旅游资源公益化

公共资源应在公共权力的配置下，回归公益性的本质。公共旅游资源由天然形成或由大众共同付出代价进行改造。公共旅游资源归全体社会成员共同所有，由代表全民利益的公共管理机构代行管理权限。公共旅游资源变成盈利甚至牟取暴利的工具是旅游发展中的一大悖论。公共旅游资源的公益性应该有正确的法理回归。

目前许多地方已经逐渐还原了公共旅游资源的公有属性，如杭州西湖免票，还可以免费观看音乐喷泉表演。这样不仅还利于民，改善了公众旅游环境，还带动了除门票之外的餐饮、住宿、购物、休闲、文化、娱乐等旅游消费，使得公众旅游权利得以保障，当地旅游产业也获得正当盈利，政府提高了公益形象，发展旅游产业摆脱了依靠“门票经济”的这条死胡同。旅游发展应当是个手段，而不是目的。

7.3.4 提高旅游公共产品和公共服务的供给能力

公共产品由于不具有排他性和竞争性，无盈利或盈利很少，因此市场难以提供。旅游公共产品多由政府提供。如各类休闲场所，如公园、广场、海滨、博物馆等；再如各类公共服务设施和市政设施等；还有公共信息平台，如旅游交通天气资讯、景区和地方特色资讯、旅游资讯服务等。提高旅游公共产品和公共服务的能力，是以人为本落实和提高游客满意度的途径，也是规制目标的应有之意。

7.4 发展理论和规制目标下的旅游发展测度体系选择

市场失灵决定了政府规制的必要。规制理论和规制目标是构建旅游发展测度模型的规范性指导。旅游发展测度体系的建立要遵守以人为本的发展理念和基本内核，反映规制目标，纠正市场失效，实现全面、协调、可持续发展。

8 基于“产业提升”视阈的旅游发展指数（TDI）模型

本章基于“产业”视阈，研究旅游发展指数（TDI－1）的构成，并利用该指标体系衡量各地区旅游核心产业的发展程度及协调度。

8.1 指数设计思路

8.1.1 指数构建总体目标

总体目标是构建旅游发展指数（TDI－1），全面衡量各地区旅游核心产业（住宿接待、景区与旅游企业）的产业地位、产业规模以及产出效益，帮助我们从宏观上建立一个可测度的产业监控体系，为市场综合管理提供规制手段。

8.1.2 指数构建总体思路

建立一个相对科学的旅游业发展测度体系，需要若干相互独立并相互补充的指标群。相互独立是指每个指标都能代表旅游发展的不同侧面，相互补充是指不同指标的结合能反映旅游发展的全貌。科学的指标体系中各指标之间应保证既有明确分工，也有密切合作。

指数构建和分析的具体思路是：

8.1.2.1　层次分解

旅游发展指数（TDI－1）是一个反映旅游核心产业地位、产业规模和产出效益的综合性指标，由于所涉及的维度繁杂，为便于分析，在设计指标体系的过程中，按照系统分析方法，根据指标的聚类，将其分解成三级：一级（目标层）为旅游发展指数（TDI）；二级（准则层）从产业地位、产业规模和产业效益三个维度全面反映旅游核心产业发展程度；三级（指标层）遴选信息含量充足、解释力强且可测算的指标群。

8.1.2.2　指标遴选

通过理论驱动，构建二级验证性因子分析（CFA）模型，通过AMOS软件进行拟合优度检验，修正筛选拟合优度好的指标组合，计算路径系数，作为客观赋权的基础。

8.1.2.3　客观赋权

客观权重（W_i）能排除人为意志的干扰，也能尽最大可能避免不同指标所提供的潜在重复信息。本章TDI－1的赋权法拟采用三种客观赋权方法的组合。首先，在可接受的结构方程模型中，采用A-MOS软件求解，计算出标准化的回归权重，将各级指标的标准化回归权重进行归一化处理，计算出路径系数权重（W_i^1）；其次，针对各个指标进行变异系数处理，将携带更多有效信息、能更清楚地分辨差异的指标赋予更大权重，计算出变异系数权重（W_i^2）；再次，对指标进行信息异质性检验处理，将能独立反映某一侧面的、与其他指标相关性小的指标赋予更大的权重，计算出信息异质性权重（W_i^3）；最后，将三组权重（W_i^1、W_i^2、W_i^3）进行乘法综合，得出综合权重（W_i）。

8.1.2.4　指数分析

根据指标值和综合权重，进行各地区旅游发展指数（TDI－1）的测算、排序、聚类，并进行区域集中度和协调度的分析。

8.1.3　指标体系构建原则

旅游科学发展受不同层次、不同侧面诸多因素的影响。为了能形成一个横向可比、纵向可比的指标体系，加强对旅游发展的监控和指导，应尽量建立一个定量研究体系。指标体系的构建原则如下：

8.1.3.1 指标体系“层次分明，系统科学”

层次化描述涉及目标层、准则层和指标层。不同层次之间反映不同的角度，严密而全面；而同一层次之间的指标构成应相互补充，逻辑性好，反映全局，尽量覆盖旅游科学发展各方面的要求。

测度指标之间并不是孤立存在的，它们之间相互关联、相互制约、相互渗透，又互为补充。测度指标应既能反映旅游科学发展的总体面貌，又要防止形成线性关联。

8.1.3.2 指标遴选“以人为本，全面科学”

旅游发展指数（TDI－1）的理论构建依据是第7章“旅游科学发展理论”，核心是“以人为本”。国务院《关于加快发展旅游业的意见》指出要将旅游业建设成为国家的“战略性支柱产业”和“人民群众更加满意的现代服务业”。前一项反映的是旅游业的产业地位和贡献，后者反映的是旅游产业对旅游活动主体需求的满足。“旅游科学发展”理论中，“以人为本”既要反映游客的心理需求和体验质量，又要有利于旅游产品提供者和旅游地居民的权益和感受。同时，旅游业的发展要考虑要素、旅游供给和旅游需求的吻合，所选指标应能全面反映旅游发展程度。

体系中指标的选取既要有一定的代表性，能全面衡量产业面貌，同时要简洁和凝练，便于操作。在模型拟合和调整中，如出现影响拟合优度的问题，应及时调整指标，使整个指标体系既符合科学计算法则，又要保证体系的完整性、连续性和纵向可比性，为今后进行时间序列分析留出接口。

8.1.3.3 旅游强调“人与自然、社会和谐”

旅游是回归自然、丰富社会阅历的体验活动。旅游中人与自然、人与社会的相互交流和相互影响频繁。一方面，旅游属于需求弹性大的消费，要基于物质生活的丰富、旅游者素质提升、社会保障的完善；另一方面，旅游产业规模增大，对自然和社会设施会形成容量上的压力和环境的破坏。因此，旅游发展应充分考虑自然和社会基础支撑，同时考虑旅游活动对自然和社会的影响。

8.1.3.4 数据来源“真实公开、权威可靠”

在指标选取过程中，应尽量选择国家统计机构和国家旅游局公布的较为权威的、真实的公开数据，进行量化描述。同时，对于一些确实难以量化的指标，也可以采用定性方法。可以参考的数据有《中国统计年鉴》《中国旅游统计年鉴》和国家旅游局、中国旅游研究院出具的各项公报和调查报告。

8.2 指数构建过程

旅游发展指数（TDI）的数学模型为：

$$TDI = \sum_{i=1}^{n} Q_i R_i \qquad (8-1)$$

式中，TDI——旅游发展指数结果值；

Q_i——第 i 个评价因子的权重；

R_i——第 i 个评价因子的分值；

n——评价指标的数目。

旅游发展指数（TDI）构建方法见图 8-1。

8.2.1 模型构建

8.2.1.1 “旅游发展指数”（TDI-1）模型的理论假设

假设1：旅游发展指数（TDI-1）可以从旅游核心产业的产业地位、产业规模和产业效益三个方面进行衡量。

假设2：旅游业的产业地位由旅游业总收入占地区生产总值的比重和旅游主体对旅游产业的主观评价决定（参照中国旅游研究院每年度发布的《省会城市游客满意度》报告）。这是《国务院关于加快发展旅游业的意见》中提出的旅游业发展两大战略目标决定的。

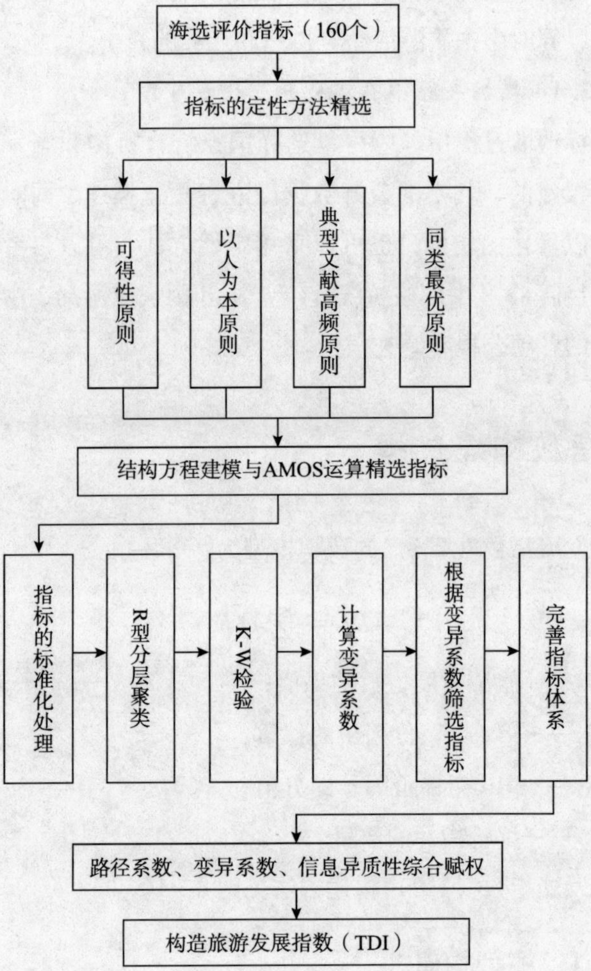

图8-1　旅游发展指数（TDI-1）构建方法

假设3：旅游产业规模由旅游总收入、接待入境游客人天数、旅行社实缴税金、旅游业基本单位数（包括旅行社、景区和酒店）、旅游企业固定资产原值、旅游从业人员数、优秀旅游城市数进行衡量。

假设4：旅游产业效益由国际旅游收入占旅游总收入的比重、旅游就业人数占总就业的比重、星级酒店全员劳动生产率、星级酒店人均实现利润、旅行社全员劳动生产率、旅行社人均实现利润进行衡量。

8.2.1.2　测量变量的数据采集及预处理

测量变量的相关数据来自《中国统计年鉴（2011）》《中国旅游统计年鉴（2011）》和中国旅游研究院相关报告（见表8－1）。

表8－1　旅游发展指数（TDI）指标及数据

变量	产业地位		产业规模						
代码	G2	G9	G1	G14	G12	G5	G4	G6	G3
指标	省会城市游客满意度	旅游业总收入占地区生产总值比重	旅游总收入	接待入境游客人天数	旅行社实缴税金	旅游业基本单位数	旅游企业固定资产原值	旅游从业人员数	优秀旅游城市数
单位	%	%	亿元	人天	千元	家	万元	人	个
北京	81	0.1961	2768.0	20505230	201530	1549	6531913.35	147335	1
天津	78	0.1247	1150.0	6805128	19922	409	430268.16	22307	1
河北	70	0.0449	915.0	2255978	28057	1346	6668543.47	37218	10
山西	72	0.1178	1083.5	2445608	17487	1010	685807.69	50318	5
内蒙古	77	0.0627	732.0	3356685	14644	916	595964.49	30499	11
辽宁	77	0.1456	2686.9	11095429	42161	1577	1949014.59	57926	18
吉林	70	0.0836	725.0	1725133	20708	728	834360.43	25754	7
黑龙江	74	0.0852	883.4	3769758	32626	847	623753.27	24727	11
上海	81	0.1779	3053.2	25778245	202847	1158	3674095.10	86052	1
江苏	83	0.1131	4685.0	27433741	181153	2507	2980076.92	125980	28
浙江	76	0.1195	3312.6	18607120	183213	2453	3140991.96	133229	27
安徽	73	0.0931	1151.0	3898060	59475	1321	1065477.29	54497	10
福建	72	0.0908	1337.5	15923332	72116	1092	1236424.38	69582	8
江西	68	0.0866	818.3	2220246	15294	980	592517.83	33042	9
山东	72	0.0781	3058.8	10880194	129767	2737	3965250.52	138309	35
河南	70	0.0993	2294.0	2902936	63628	1455	1097219.73	65786	27
湖北	75	0.0915	1460.5	3750746	92983	1386	1448127.18	59550	12
湖南	71	0.0889	1425.8	4731994	57993	1114	1487285.40	69926	12
广东	76	0.0827	3804.1	69347700	299758	2255	4861204.97	221776	21
广西	71	0.0996	953.0	4350987	15237	807	961828.12	48291	12
海南	71	0.1248	257.6	1810741	11656	485	1009525.52	30719	5

续表

变量	产业地位		产业规模						
代码	G2	G9	G1	G14	G12	G5	G4	G6	G3
指标	省会城市游客满意度	旅游业总收入占地区生产总值比重	旅游总收入	接待入境游客人天数	旅行社实缴税金	旅游业基本单位数	旅游企业固定资产原值	旅游从业人员数	优秀旅游城市数
单位	%	%	亿元	人天	千元	家	万元	人	个
重庆	74	0.1158	918.0	4182290	54918	625	792435.81	42162	1
四川	80	0.1097	1886.1	1981900	26955	1125	1617116.87	61559	21
贵州	74	0.2306	1061.2	713897	5650	585	319484.66	23572	7
云南	73	0.1394	1006.8	6151998	43163	1091	1382291.26	53103	7
西藏	75	0.1366	69.3	584503	2122	183	244557.30	5867	1
陕西	70	0.0972	984.0	5567957	15052	865	1061061.82	50733	6
甘肃	69	0.0575	237.0	101498	45862	663	584219.85	31532	9
青海	71	0.0526	71.0	135816	1927	302	158753.80	9993	2
宁夏	71	0.0401	67.8	38608	2637	143	214892.45	8609	1
新疆	71	0.0552	300.0	1069605	8540	792	1118054.93	38272	13

变量	产业效益					
代码	G10	G8	G16	G24	G19	G21
指标	国际旅游收入占旅游业总收入比重	旅游就业人数占总就业人数百分比	星级饭店全员劳动生产率	星级酒店人均实现利润	旅行社全员劳动生产率	旅行社人均实现利润
单位	%	%	万元/人	万元/人	万元/人	万元/人
北京	0.1234	0.0112	198.56	1.0300	200.7800	9.51
天津	0.0836	0.0043	131.87	0.7200	42.0700	2.44
河北	0.0260	0.0010	91.61	0.5100	43.5400	2.41
山西	0.0291	0.0030	87.85	0.4700	26.7200	1.36
内蒙古	0.0557	0.0026	103.67	0.5100	31.8900	2.08
辽宁	0.0569	0.0026	127.90	0.6600	78.0100	3.53
吉林	0.0285	0.0021	117.56	0.5900	34.4900	4.78
黑龙江	0.0585	0.0014	94.66	0.5000	57.1900	3.27
上海	0.1406	0.0093	272.74	1.4200	183.7700	9.03

续表

变量	产业效益					
代码	G10	G8	G16	G24	G19	G21
指标	国际旅游收入占旅游业总收入比重	旅游就业人数占总就业人数百分比	星级饭店全员劳动生产率	星级酒店人均实现利润	旅行社全员劳动生产率	旅行社人均实现利润
单位	%	%	万元/人	万元/人	万元/人	万元/人
江苏	0.0691	0.0027	150.02	0.8000	97.8200	5.87
浙江	0.0803	0.0033	203.65	0.9100	92.6400	5.00
安徽	0.0417	0.0014	108.60	0.5800	47.1300	2.69
福建	0.1512	0.0032	121.43	0.6900	71.1900	3.23
江西	0.0286	0.0014	91.23	0.4900	39.2600	1.30
山东	0.0476	0.0024	119.40	0.6100	55.4100	3.49
河南	0.0147	0.0011	91.95	0.4900	57.3800	6.06
湖北	0.0348	0.0019	96.87	0.5000	41.7100	3.13
湖南	0.0430	0.0017	112.19	0.5600	85.8700	3.09
广东	0.2204	0.0038	134.38	0.7700	105.6200	6.02
广西	0.0573	0.0016	92.41	0.5000	58.0200	4.20
海南	0.0846	0.0069	141.47	0.7500	56.4700	2.69
重庆	0.0518	0.0022	109.53	0.5800	83.0300	2.68
四川	0.0127	0.0012	118.82	0.6400	52.9000	1.36
贵州	0.0083	0.0010	86.75	0.4800	49.9200	1.86
云南	0.0890	0.0019	87.90	0.5000	60.1400	2.09
西藏	0.1016	0.0034	77.49	0.3900	52.1800	3.91
陕西	0.0699	0.0026	104.07	0.5300	53.1700	2.05
甘肃	0.0043	0.0022	72.52	0.3800	52.7900	7.24
青海	0.0191	0.0034	80.14	0.4400	17.1700	1.14
宁夏	0.0060	0.0026	89.56	0.4400	56.5200	1.63
新疆	0.0417	0.0045	111.49	0.6200	52.3000	2.04

采集的数据首先进行正态性和分布状况、集中性和离散型的统计量检验。经检验，本群组数据均符合正态分布，能保证最大似然估计无偏。其次，对数据进行异常值和缺失值的处理。最后，由于旅游发展指数的各测量指标的单位不同，数量级也不同，贸然代入

指标体系会对评价结果造成影响，因此，必须进行无量纲化处理。无量纲化处理采用归一化方法，计算方法如下：

$$正指标归一化公式:y_j = \frac{x_j - \min(x_j)}{\max(x_j) - \min(x_j)} \quad (8-2)$$

$$逆指标归一化公式:y_j = \frac{\max(x_j) - x_j}{\max(x_j) - \min(x_j)} \quad (8-3)$$

进行归一化处理的结果见表 8－2。

表 8－2　归一化的旅游发展指数（TDI）指标及数据

潜变量	产业地位		产业规模						
指标代号	G2	G9	G1	G14	G12	G5	G4	G6	G3
归一化指标	G 省会城市游客满意度	G 旅游业总收入占地区生产总值比重	G 旅游总收入	G 接待入境游客人天数	G 旅行社实缴税金	G 旅游业基本单位数	G 旅游企业固定资产原值	G 旅游从业人员数	G 优秀旅游城市数
北京	0.8952	0.8190	0.5848	0.2953	0.6702	0.5420	0.9790	0.6552	0.0000
天津	0.6719	0.4233	0.2344	0.0976	0.0604	0.1025	0.0417	0.0761	0.0000
河北	0.1205	0.0243	0.1835	0.0320	0.0877	0.4638	1.0000	0.1452	0.2647
山西	0.2623	0.3888	0.2200	0.0347	0.0522	0.3342	0.0810	0.2059	0.1176
内蒙古	0.6247	0.1136	0.1439	0.0479	0.0427	0.2980	0.0672	0.1141	0.2941
辽宁	0.6308	0.5279	0.5672	0.1595	0.1351	0.5528	0.2750	0.2411	0.5000
吉林	0.1712	0.2182	0.1423	0.0243	0.0631	0.2255	0.1038	0.0921	0.1765
黑龙江	0.4404	0.2260	0.1766	0.0538	0.1031	0.2714	0.0714	0.0874	0.2941
上海	0.8760	0.6893	0.6466	0.3714	0.6746	0.3913	0.5400	0.3714	0.0000
江苏	1.0000	0.3655	1.0000	0.3953	0.6018	0.9113	0.4334	0.5563	0.7941
浙江	0.5815	0.3975	0.7028	0.2679	0.6087	0.8905	0.4581	0.5899	0.7647
安徽	0.3753	0.2656	0.2346	0.0557	0.1932	0.4541	0.1393	0.2252	0.2647
福建	0.2507	0.2538	0.2750	0.2292	0.2357	0.3658	0.1655	0.2951	0.2059
江西	0.0000	0.2329	0.1625	0.0315	0.0449	0.3227	0.0666	0.1259	0.2353
山东	0.2959	0.1905	0.6478	0.1564	0.4292	1.0000	0.5847	0.6134	1.0000
河南	0.1096	0.2967	0.4822	0.0413	0.2072	0.5058	0.1442	0.2775	0.7647
湖北	0.4596	0.2573	0.3016	0.0536	0.3057	0.4792	0.1981	0.2486	0.3235

续表

潜变量	产业地位		产业规模						
指标代号	G2	G9	G1	G14	G12	G5	G4	G6	G3
归一化指标	G省会城市游客满意度	G旅游业总收入占地区生产总值比重	G旅游总收入	G接待入境游客人天数	G旅行社实缴税金	G旅游业基本单位数	G旅游企业固定资产原值	G旅游从业人员数	G优秀旅游城市数
湖南	0.2089	0.2445	0.2941	0.0677	0.1882	0.3743	0.2041	0.2967	0.3235
广东	0.5753	0.2134	0.8092	1.0000	1.0000	0.8142	0.7224	1.0000	0.5882
广西	0.1918	0.2979	0.1917	0.0622	0.0447	0.2560	0.1234	0.1965	0.3235
海南	0.1842	0.4240	0.0411	0.0256	0.0327	0.1318	0.1307	0.1151	0.1176
重庆	0.4027	0.3791	0.1841	0.0598	0.1779	0.1858	0.0973	0.1681	0.0000
四川	0.8473	0.3487	0.3938	0.0280	0.0840	0.3786	0.2240	0.2579	0.5882
贵州	0.4295	0.9530	0.2152	0.0097	0.0125	0.1704	0.0247	0.0820	0.1765
云南	0.3404	0.4968	0.2034	0.0882	0.1385	0.3655	0.1880	0.2188	0.1765
西藏	0.4733	0.4828	0.0003	0.0079	0.0007	0.0154	0.0132	0.0000	0.0000
陕西	0.1658	0.2860	0.1984	0.0798	0.0441	0.2783	0.1386	0.2078	0.1471
甘肃	0.0507	0.0876	0.0366	0.0009	0.1475	0.2005	0.0654	0.1189	0.2353
青海	0.1918	0.0630	0.0007	0.0014	0.0000	0.0613	0.0000	0.0191	0.0294
宁夏	0.1808	0.0006	0.0000	0.0000	0.0024	0.0000	0.0086	0.0127	0.0000
新疆	0.2397	0.0759	0.0503	0.0149	0.0222	0.2502	0.1474	0.1501	0.3529

潜变量	产业效益					
指标代号	G10	G8	G16	G24	G19	G21
显变量	G国际旅游收入占旅游业总收入比重	G旅游就业人数占总就业人数百分比	G星级饭店全员劳动生产率	G星级酒店人均实现利润	G旅行社全员劳动生产率	G旅行社人均实现利润
北京	0.5511	0.9982	0.6295	0.6250	1.0000	1.0000
天津	0.3669	0.3219	0.2964	0.3269	0.1356	0.1553
河北	0.1003	0.0000	0.0953	0.1250	0.1436	0.1517
山西	0.1145	0.1982	0.0766	0.0865	0.0520	0.0263
内蒙古	0.2377	0.1544	0.1556	0.1250	0.0802	0.1123

续表

潜变量	产业效益					
指标代号	G10	G8	G16	G24	G19	G21
显变量	G 国际旅游收入占旅游业总收入比重	G 旅游就业人数占总就业人数百分比	G 星级饭店全员劳动生产率	G 星级酒店人均实现利润	G 旅行社全员劳动生产率	G 旅行社人均实现利润
辽宁	0.2435	0.1557	0.2766	0.2692	0.3314	0.2855
吉林	0.1119	0.1042	0.2250	0.2019	0.0943	0.4349
黑龙江	0.2507	0.0410	0.1106	0.1154	0.2180	0.2545
上海	0.6307	0.8143	1.0000	1.0000	0.9074	0.9427
江苏	0.2999	0.1630	0.3871	0.4038	0.4392	0.5651
浙江	0.3517	0.2294	0.6549	0.5096	0.4110	0.4612
安徽	0.1731	0.0409	0.1802	0.1923	0.1632	0.1852
福建	0.6797	0.2147	0.2443	0.2981	0.2942	0.2497
江西	0.1126	0.0424	0.0934	0.1058	0.1203	0.0191
山东	0.2005	0.1418	0.2341	0.2212	0.2083	0.2808
河南	0.0482	0.0087	0.0970	0.1058	0.2190	0.5878
湖北	0.1412	0.0893	0.1216	0.1154	0.1337	0.2378
湖南	0.1792	0.0730	0.1981	0.1731	0.3742	0.2330
广东	0.9998	0.2783	0.3090	0.3750	0.4817	0.5830
广西	0.2451	0.0627	0.0993	0.1154	0.2225	0.3656
海南	0.3716	0.5777	0.3444	0.3558	0.2140	0.1852
重庆	0.2200	0.1181	0.1848	0.1923	0.3587	0.1840
四川	0.0389	0.0227	0.2312	0.2500	0.1946	0.0263
贵州	0.0185	0.0000	0.0711	0.0962	0.1784	0.0860
云南	0.3921	0.0870	0.0768	0.1154	0.2340	0.1135
西藏	0.4502	0.2306	0.0248	0.0096	0.1907	0.3309
陕西	0.3036	0.1568	0.1576	0.1442	0.1961	0.1087
甘肃	0.0000	0.1179	0.0000	0.0000	0.1940	0.7288
青海	0.0683	0.2351	0.0381	0.0577	0.0000	0.0000
宁夏	0.0078	0.1609	0.0851	0.0577	0.2143	0.0585
新疆	0.1733	0.3420	0.1946	0.2308	0.1913	0.1075

8.2.1.3　旅游发展指数（TDI－1）模型的模型设计及路径图

拟建立的模型为二阶验证性因素分析（CFA）模型（见图8－2）。

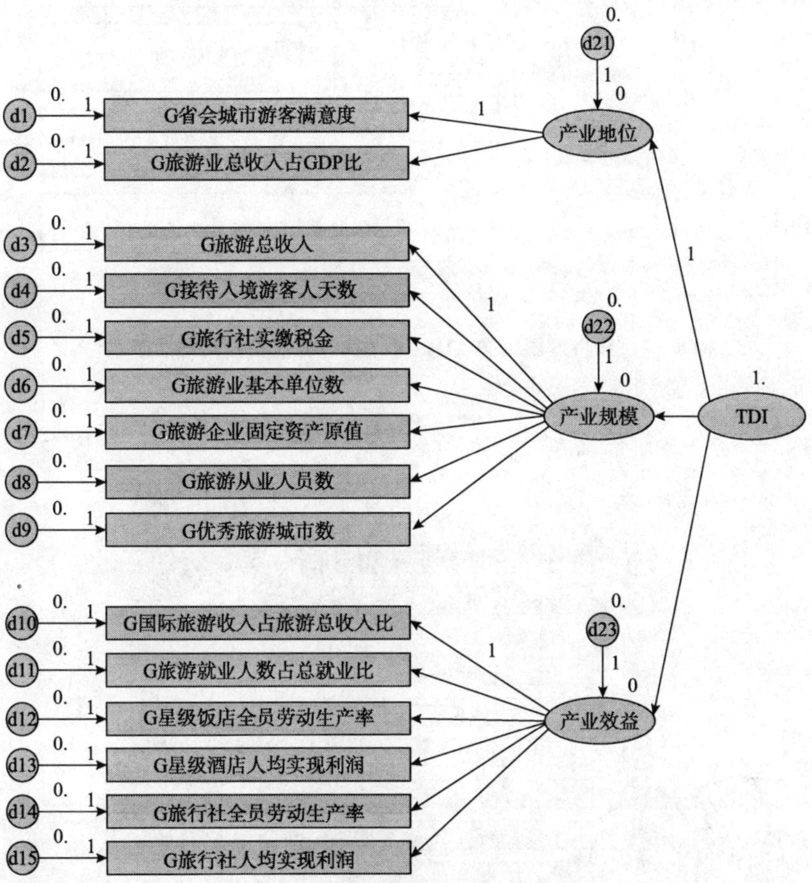

图8－2　旅游发展指数（TDI－1）模型的路径图

8.2.2　模型估计

8.2.2.1　AMOS20软件的贝叶斯估计方法

在将评价体系中各个变量的数据进行预处理后，本部分将用IBM SPSS AMOS20软件，借助构建结构方程，对指标体系的理论假设进行验证性因子分析，并对理论模型进行调整。

结构方程的建立与修正过程见图8－3，模型拟合结果见图8－4。

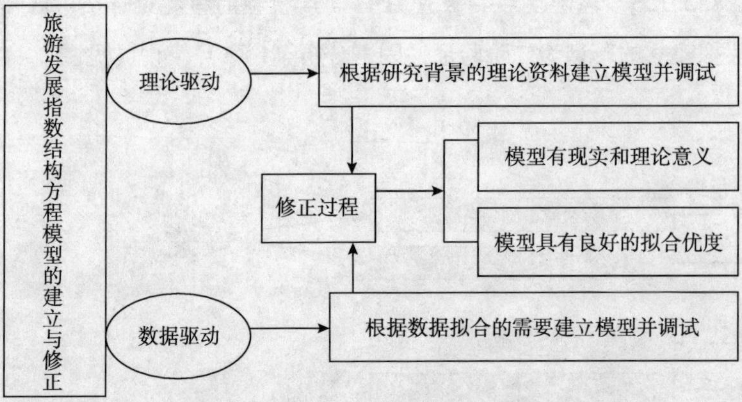

图 8-3　旅游发展指数 TDI-1 结构方程的构建与修正示意

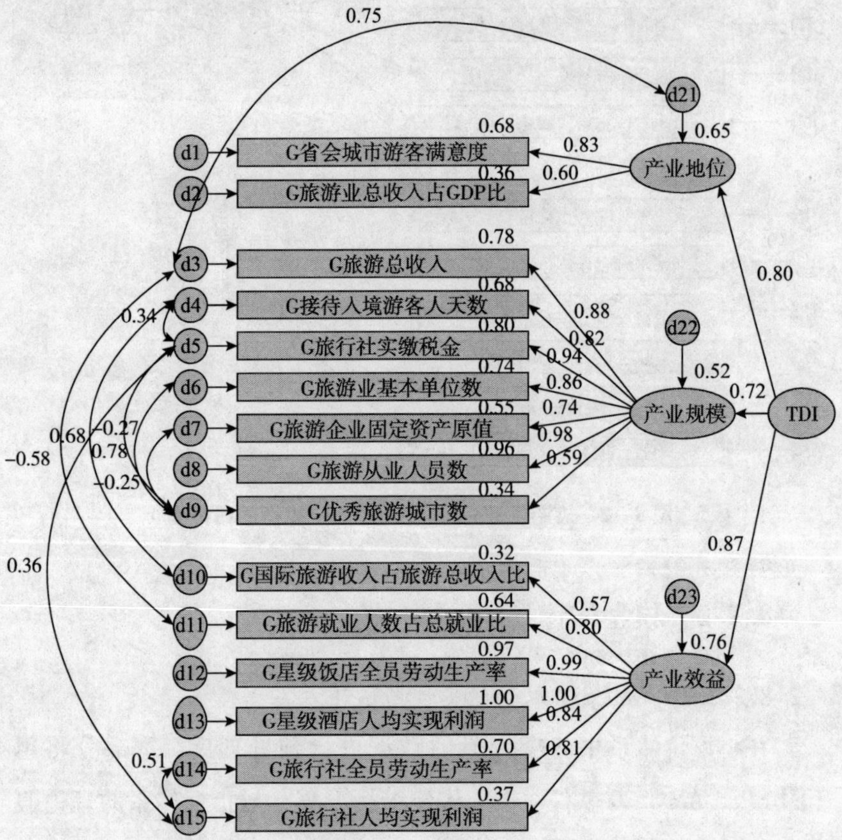

图 8-4　旅游发展指数（TDI-1）模型拟合结果

8.2.2.2 “旅游发展指数”（TDI）模型的估计结果

经过 AMOS 最大似然法进行验证性估计，所构建的模型是递归的（The model is recursive），样本量为 31 个（31 省、市、自治区）。模型有观察变量（含 15 个归一化的可测变量）15 个，内生潜变量（含产业地位、产业规模、产业效益）3 个，外生潜变量（19 个，含 15 个测量变量的误差项，3 个潜变量残差项，1 个 TDI 指数），详见表 8－3。

表 8－3　模型变量统计（旅游发展指数 TDI－1）

模型变量数 Number of variables in your model	37
观察变量数 Number of observed variables	15
潜变量数 Number of unobserved variables	22
外生变量数 Number of exogenous variables	19
内生变量数 Number of endogenous variables	18

将归一化的数据输入结构方程模型，运用 IBM SPSS AMOS 20 软件进行数据拟合分析，得到的最大似然估计（Maximum Likelihood Estimates）结果见表 8－4～表 8－8。

表 8－4　回归权重估计值及显著性检验（旅游发展指数 TDI－1）

Regression Weights：（Group number 1 － Default model）

			Estimate	S. E.	C. R.	P
产业规模	←	TDI	0.902	0.257	3.505	***
产业效益	←	TDI	0.632	0.237	2.672	0.008
产业地位	←	TDI	1.000			
G 旅行社实缴税金	←	产业规模	1.076	0.115	9.370	***
G 旅游就业人数占总就业比	←	产业效益	1.585	0.374	4.240	***
G 国际旅游收入占旅游总收入比	←	产业效益	1.000			
G 旅游总收入	←	产业规模	1.000			
G 旅游企业固定资产原值	←	产业规模	0.934	0.175	5.330	***
G 旅游从业人员数	←	产业规模	1.016	0.098	10.414	***
G 优秀旅游城市数	←	产业规模	0.706	0.190	3.706	***
G 接待人境游客人天数	←	产业规模	0.678	0.091	7.451	***

续表

			Estimate	S. E.	C. R.	P
G旅游业基本单位数	←	产业规模	1.023	0.143	7.165	* * *
G星级饭店全员劳动生产率	←	产业效益	1.684	0.342	4.920	* * *
G旅游业总收入占GDP比	←	产业地位	0.603	0.184	3.272	0.001
G省会城市游客满意度	←	产业地位	1.000			
G星级酒店人均实现利润	←	产业效益	1.643	0.331	4.959	* * *
G旅行社全员劳动生产率	←	产业效益	1.464	0.342	4.281	* * *
G旅行社人均实现利润	←	产业效益	1.176	0.326	3.606	* * *

表8-4中旅游发展指数（TDI）对产业效益之间的回归权重大于0.01，旅游业总收入占GDP比为0.01，其余均显示为* * *。说明所建立的载荷系数或回归权重均在95%的置信度下显著不为0。即潜变量和测量变量之间存在密切关系。

表8-5 标准化的回归权重估计（旅游发展指数TDI-1）

Standardized Regression Weights:（Group number 1 - Default model）

			Estimate
产业规模	←	TDI	0.718
产业效益	←	TDI	0.873
产业地位	←	TDI	0.804
G旅行社实缴税金	←	产业规模	0.941
G旅游就业人数占总就业比	←	产业效益	0.801
G国际旅游收入占旅游总收入比	←	产业效益	0.567
G旅游总收入	←	产业规模	0.884
G旅游企业固定资产原值	←	产业规模	0.743
G旅游从业人员数	←	产业规模	0.978
G优秀旅游城市数	←	产业规模	0.586
G接待入境游客人天数	←	产业规模	0.823
G旅游业基本单位数	←	产业规模	0.860
G星级饭店全员劳动生产率	←	产业效益	0.987
G旅游业总收入占GDP比	←	产业地位	0.601
G省会城市游客满意度	←	产业地位	0.826

续表

			Estimate
G 星级酒店人均实现利润	←	产业效益	0. 999
G 旅行社全员劳动生产率	←	产业效益	0. 838
G 旅行社人均实现利润	←	产业效益	0. 609

旅游发展指数所选指标均超过 0. 55 的标准，说明指标选取较为合理。

表 8 －6　各误差残差项之间的相关系数估计（旅游发展指数 TDI －1）

Correlations：（Group number 1 － Default model）

			Estimate
d10	<—>	d4	0. 685
d6	<—>	d9	0. 776
d15	<—>	d14	0. 509
d3	<—>	d11	－0. 579
d3	<—>	d21	0. 748
d7	<—>	d9	－0. 247
d4	<—>	d5	0. 336
d9	<—>	d5	－0. 274
d5	<—>	d15	0. 355

表 8 －6 显示的相关程度最强的三组，依次分别为：旅游业基本单位数和优秀旅游城市数、旅游总收入与产业地位、国际旅游收入占旅游总收入的比与接待入境游客人天数。

表 8 －7　误差方差估计及显著性检验（旅游发展指数）

Variances：（Group number 1 － Default model）

	Estimate	S. E.	C. R.	P	Label
TDI	0. 028	0. 015	1. 882	0. 060	par_ 39
d21	0. 015	0. 013	1. 182	0. 237	par_ 40
d22	0. 021	0. 007	2. 933	0. 003	par_ 41
d23	0. 003	0. 003	1. 158	0. 247	par_ 42
d12	0. 001	0. 001	1. 985	0. 047	par_ 43

续表

	Estimate	S. E.	C. R.	P	Label
d3	0. 012	0. 003	3. 785	* * *	par_ 44
d2	0. 028	0. 008	3. 503	* * *	par_ 45
d11	0. 021	0. 005	3. 850	* * *	par_ 46
d10	0. 031	0. 008	3. 869	* * *	par_ 47
d7	0. 031	0. 008	3. 762	* * *	par_ 48
d6	0. 016	0. 004	3. 611	* * *	par_ 49
d8	0. 002	0. 001	1. 841	0. 066	par_ 50
d9	0. 042	0. 010	4. 119	* * *	par_ 51
d4	0. 010	0. 002	4. 079	* * *	par_ 52
d5	0. 007	0. 002	3. 525	* * *	par_ 53
d1	0. 020	0. 011	1. 885	0. 059	par_ 54
d15	0. 034	0. 008	4. 086	* * *	par_ 55
d14	0. 013	0. 003	3. 838	* * *	par_ 56
d13	0. 000	0. 000	0. 191	0. 848	par_ 57

检查误差方差均大于0，表示模型矩阵正定。

表8－8　平方复相关系数估计（旅游发展指数）

Squared Multiple Correlations：（Group number 1 － Default model）

	Estimate
产业地位	0. 646
产业效益	0. 761
产业规模	0. 515
G星级酒店人均实现利润	0. 998
G旅行社全员劳动生产率	0. 702
G旅行社人均实现利润	0. 371
G省会城市游客满意度	0. 683
G接待入境游客人天数	0. 677
G优秀旅游城市数	0. 344
G旅游从业人员数	0. 956
G旅行社实缴税金	0. 886
G旅游业基本单位数	0. 740

续表

	Estimate
G 旅游企业固定资产原值	0.552
G 国际旅游收入占旅游总收入比	0.321
G 旅游就业人数占总就业比	0.641
G 旅游业总收入占 GDP 比	0.361
G 旅游总收入	0.781
G 星级饭店全员劳动生产率	0.973

8.2.3 拟合检验

8.2.3.1 适配度之卡方检验（见表 8-9）

表 8-9 CMIN（旅游发展指数）

	NPAR	CMIN	DF	P	CMIN/DF
Default model	57	161.741	78	0.000	2.074
Saturated model	135	0.000	0		

CMIN 为最小差异值，性质与卡方值相同，可等同视之，表示 S 矩阵与 $\Sigma(\theta)$ 矩阵的差异，P 值是显著性。规范卡方 CMIN/DF 值一般应小于 4。本模型规范卡方值为 2.074，表示模型拟合较好。

8.2.3.2 基线比较（见表 8-10）

表 8-10 Baseline Comparisons（旅游发展指数）

	NFI Delta1	RFI rho1	IFI Delta2	TLI rho2	CFI
Default model	0.779	0.703	0.872	0.821	0.867
Saturated model	1.000		1.000		1.000
Independence model	0.000	0.000	0.000	0.000	0.000

一般在社会科学中，CFI 的值应大于 0.8。本模型的 CFI 值为 0.867，且 IFI 值也大于 0.8，说明拟合度较好。

综上，考虑到模型对现实问题的解释能力，模型可以通过拟合优度检验，拟合效果良好，模型一定程度可接受。

8.2.4 构权法

在旅游发展指数的评价过程中，遴选指标集和赋权是两大核心问题。目前，在社会科学研究实践中，以层次分析法（AHP）和德尔菲（专家意见）法最为常用。这种方法向相关领域专家发放问卷进行咨询，取专家给出的均值为权重，有一定的科学性，但赋权以主观方式给出，信度依赖于专家库的质量和专家关注的角度和个人经验，对于指标中含有的重复信息鉴别力有限，因此有一定的局限。也有学者提出用熵权法赋予信息含量大的指标以更大的权重。

本书作者认为，一个好的指标体系应具备以下几个特点：一是指标体系所蕴含准则层能涵盖所估计指标的各个维度；二是指标层所含各项指标均能从不同角度全方位反映准则层的维度；三是信息含量充足和差异性大的指标能赋予更高权重，以便后续的衡量和比较。

基于以上认识，本章在计算旅游发展指数（TDI）的过程中，将采用客观组合赋权方法。指标的遴选基于二阶验证性因子分析的 A-MOS 软件拟合，通过拟合优度的检验，不断调整出信息含量大、解释能力强的指标，并在估计标准化的路径系数基础上，采用归一法对路径系数权数（W_i^1）进行赋值；其次，计算 31 个省市的相关指标值的变异系数，对变异较大的指标值进行变异系数（W_i^2）赋权，便于今后的比较分析；再次，根据指标的信息异质性大小，进行系数（W_i^3）赋权；最后，取归一化的三个权数乘积作为综合权重 W_i。这种方法的好处是借助科学计算方法，使模型假设尽可能拟合现实问题，指标选取客观科学，赋权考虑了指标的功能性、变异性和信息含量三个方面，科学且便于比较。

8.2.4.1 路径系数赋权

表 8 - 11 给出了 AMOS 软件估计的二阶验证性因子分析模型（旅游发展指数模型）的标准化回归权重。首先，将二级（准则层）的路径系数归一化处理，得到产业地位对 TDI 的权重为 0.335，产业

效益对TDI的权重为0.365，产业规模对TDI的权重为0.300。其次，将三级（指标层）的标准化回归权重在各个准则层内进行归一化处理。得出指标的归一的标准化权重。最后，将指标层的归一标准化权重乘以所在准则层的归一化权重，得到各指标针对旅游发展指数（TDI）的路径系数权重 W_i^1。计算过程见表8－15。

表8－11　旅游发展指数（TDI）路径系数赋权 W_i^1

	潜变量	标准化权重	归一的标准化权重	测量变量	标准化回归权重	归一的标准化权重	路径系数赋权 W_i^1
旅游发展指数TDI	产业地位	0.804	0.335	G省会城市游客满意度	0.826	0.579	0.194
				G旅游业总收入占GDP比	0.601	0.421	0.141
	产业规模	0.873	0.365	G旅游总收入	0.884	0.152	0.055
				G接待入境游客人天数	0.823	0.142	0.052
				G旅行社实缴税金	0.941	0.162	0.059
				G旅游业基本单位数	0.860	0.148	0.054
				G旅游企业固定资产原值	0.743	0.128	0.047
				G旅游从业人员数	0.978	0.168	0.061
				G优秀旅游城市数	0.586	0.101	0.037
	产业效益	0.718	0.300	G国际旅游收入占旅游总收入比	0.567	0.118	0.035
				G旅游就业人数占总就业比	0.801	0.167	0.050
				G星级饭店全员劳动生产率	0.987	0.206	0.062
				G星级酒店人均实现利润	0.999	0.208	0.062
				G旅行社全员劳动生产率	0.838	0.175	0.053
				G旅行社人均实现利润	0.609	0.127	0.037
总计	—	—	1	—	—	—	1

8.2.4.2　变异系数赋权

在二级验证性因子分析（CFA）模型中，涉及大量的指标，这些指标本身携带的信息量不同。有的指标在31个省区中是完全一致的，没有区别，比如公共假期天数。这类指标对于衡量不同地区的旅游发展差异没有助益，因此，基于综合评价和区域差异比较的旅游发展指数（TDI－1）模型中，没有将此类指标列入体系。此外，有些指标值离散程度小，在全国各地区间差异性不明显，因此，指标所提供的信息分辨度就不高。如果这类指标不很重要，可以在模型调整和模型修正中用信息辨识度更高的指标替代，如没有合适的替代指标，可以考虑在组合赋权法的时候给予较低的权重，使整个模型的辨识能力提高。

在计量统计中，指标值离散程度大小可以用变异系数来衡量。变异系数赋权的求解过程如下：

首先，计算所有指标值的均值 $\overline{X}_i$

$$\overline{X}_i = \frac{1}{n}\sum_{i=1}^{n} X_{ij} \quad (i = 1,2,\cdots,n) \tag{8-4}$$

其次，计算指标值的方差 S_i^2

$$S_i^2 = \frac{1}{n}\sum_{i=1}^{n} (X_{ij} - \overline{X}_i)^2 (i = 1,2,\cdots,n) \tag{8-5}$$

最后，计算指标值的变异系数

$$V_i = \frac{S_i}{\overline{X}_i} \tag{8-6}$$

将 V_i 进行归一化处理，得到变异系数权重 W_i^2

$$W_i^2 = \frac{V_i}{\sum_{i=1}^{n} V_i} (i = 1,2,\cdots,n) \tag{8-7}$$

利用 IBM SPSS STATISTIC 21 软件，将各指标值的均值和标准差求出，代入以上公式，求出变异系数，并进一步进行赋权，过程见表 8－12。

表 8－12　变异系数赋权法

指标	均值 X_i	标准差 S_i	变异系数 V_i	变异系数权重 W_i^2
省会城市游客满意度	73.7084	3.89517	0.053	0.006
旅游业总收入占地区生产总值比重	0.1045	0.04281	0.410	0.043
旅游总收入	1456.6571	1186.12061	0.814	0.085
接待入境游客人天数增长率	23.8594	9.00245	0.377	0.040
旅行社实缴税金	63518.74	74876.250	1.179	0.124

续表

指标	均值 X_i	标准差 S_i	变异系数 V_i	变异系数权重 W_i^2
旅游业基本单位数	1113.10	658.157	0.591	0.062
旅游企业固定资产原值	1720403.842581	1745977.5285	1.015	0.107
旅游从业人员数	59942.74	47875.522	0.799	0.084
优秀旅游城市数	10.94	9.088	0.831	0.087
国际旅游收入占旅游业总收入比重	0.0606	0.04812	0.794	0.083
旅游就业人数占总就业人数百分比	0.003032	0.0022969	0.758	0.079
星级饭店全员劳动生产率	117.0416	42.03487	0.359	0.038
星级酒店人均实现利税	0.614839	0.2104736	0.342	0.036
旅行社全员劳动生产率	65.712903	39.4518453	0.600	0.063
旅行社人均实现利润	3.586452	2.1775086	0.607	0.064
合计			9.529	1

8.2.4.3 信息异质性赋权

在多指标综合评价模型中，要求各指标之间既有较好的解释力，同时还不能有太多的相关性，即能在不同维度全面反映综合指标的概貌。在指标体系中，不见得指标越多越好，因为更多的指标意味着多重线性相关的可能性就越大。因此，构建指标体系的过程中，应更多地选择能独当一面的指标，即与其他指标相关系数较小的指标，而且，对这部分携带更多解释能力的指标应赋予更大的权重，才能全面减少重复计算。

信息异质性赋权方法拟采用以下步骤进行：

首先，利用 IBM SPSS STATISTIC 21 软件计算各指标之间的相关系数，构造成 N 阶相关系数矩阵：

$$\boldsymbol{R}^{(k)} = \begin{bmatrix} \gamma_{11}^{(k)} & \gamma_{12}^{(k)} & \cdots & \gamma_{1n}^{(k)} \\ \gamma_{21}^{(k)} & \gamma_{22}^{(k)} & \cdots & \gamma_{2n}^{(k)} \\ \vdots & \vdots & & \vdots \\ \gamma_{n1}^{(k)} & \gamma_{n2}^{(k)} & \cdots & \gamma_{nn}^{(k)} \end{bmatrix} \tag{8-8}$$

其次，将相关系数矩阵按列求和，得到各指标间相关性的综合

向量:

$$\left[\sum_{i=1}^{n}\gamma_{i1}^{(k)},\sum_{i=1}^{n}\gamma_{i2}^{(k)},\sum_{i=1}^{n}\gamma_{i3}^{(k)},\cdots,\sum_{i=1}^{n}\gamma_{in}^{(k)}\right] \qquad (8-9)$$

再次，计算各指标的异质性权数

$$W_i^3=\left[\frac{1}{\sum_{i=1}^{n}\gamma_{i1}},\frac{1}{\sum_{i=1}^{n}\gamma_{i2}},\cdots,\frac{1}{\sum_{i=1}^{n}\gamma_{in}}\right] \qquad (8-10)$$

最后，将指标的异质性权数进行归一化处理，得到 W_i^3。

构成旅游发展指数的各指标间的相关系数计算结果见表 8－13。

表 8－13　TDI 各指标间相关系数表

	G2	G9	G1	G14	G12	G5	G22	G6	G3	G10	G8	G16	G24	G19	G21
	省会城市游客满意度	旅游业总收入占地区生产总值比重	旅游总收入	接待入境游客人天数	旅行社实缴税金	旅游业基本单位数	旅游企业固定资产原值	旅游从业人员数	优秀旅游城市数	国际旅游收入占旅游业总收入比重	旅游就业人数占总就业人数百分比	星级饭店全员劳动生产率	星级酒店人均实现利润	旅行社全员劳动生产率	旅行社人均实现利润
G2	1	0.521	0.647	0.474	0.554	0.376	0.372	0.453	0.145	0.422	0.445	0.639	0.650	0.596	0.402
G9	0.521	1	0.318	0.147	0.234	0.051	0.135	0.168	-0.171	0.278	0.424	0.453	0.468	0.526	0.327
G1	0.647	0.318	1	0.745	0.854	0.884	0.630	0.865	0.657	0.456	0.236	0.631	0.635	0.610	0.560
G14	0.474	0.147	0.745	1	0.889	0.610	0.580	0.866	0.316	0.809	0.348	0.515	0.564	0.578	0.519
G12	0.554	0.234	0.854	0.889	1	0.757	0.708	0.930	0.402	0.679	0.458	0.691	0.703	0.747	0.714
G5	0.376	0.051	0.884	0.610	0.757	1	0.661	0.855	0.821	0.307	0.027	0.418	0.399	0.370	0.386
G22	0.372	0.135	0.630	0.580	0.708	0.661	1	0.718	0.298	0.436	0.424	0.537	0.558	0.634	0.532
G6	0.453	0.168	0.865	0.866	0.930	0.855	0.718	1	0.572	0.623	0.324	0.541	0.554	0.614	0.554
G3	0.145	-0.171	0.657	0.316	0.402	0.821	0.298	0.572	1	-0.035	-0.332	0.075	0.043	-0.021	0.130
G10	0.422	0.278	0.456	0.809	0.679	0.307	0.436	0.623	-0.035	1	0.551	0.543	0.600	0.596	0.456
G8	0.445	0.424	0.236	0.348	0.458	0.027	0.424	0.324	-0.332	0.551	1	0.744	0.767	0.749	0.583
G16	0.639	0.453	0.631	0.515	0.691	0.418	0.537	0.541	0.075	0.543	0.744	1	0.985	0.821	0.637
G24	0.650	0.468	0.635	0.564	0.703	0.399	0.558	0.554	0.043	0.600	0.767	0.985	1	0.836	0.637
G19	0.596	0.526	0.610	0.578	0.747	0.370	0.634	0.614	-0.021	0.596	0.749	0.821	0.836	1	0.792
G21	0.402	0.327	0.560	0.519	0.714	0.386	0.532	0.554	0.130	0.456	0.583	0.637	0.637	0.792	1
合计	7.696	4.879	9.728	8.96	10.32	7.922	8.223	9.637	3.9	7.721	6.748	9.23	9.399	9.448	8.229

旅游发展指数（TDI）各指标的信息异质性权重数 W_i^3 的计算过程见表 8－14。

表 8－14　旅游发展系数异质性赋权

指标	各指标间相关性综合向量	异质性权重数	标准化后的异质性权重数 W_i^3
省会城市游客满意度	7.696	0.130	0.066
旅游业总收入占地区生产总值比重	4.879	0.205	0.104
旅游总收入	9.728	0.103	0.052
接待入境游客人天数增长率	8.96	0.112	0.057
旅行社实缴税金	10.32	0.097	0.049
旅游业基本单位数	7.922	0.126	0.064
旅游企业固定资产原值	8.223	0.122	0.062
旅游从业人员数	9.637	0.104	0.053
优秀旅游城市数	3.900	0.256	0.130
国际旅游收入占旅游业总收入比重	7.721	0.130	0.066
旅游就业人数占总就业人数百分比	6.748	0.148	0.075
星级饭店全员劳动生产率	9.23	0.108	0.055
星级酒店人均实现利税	9.399	0.106	0.054
旅行社全员劳动生产率	9.448	0.106	0.054
旅行社人均实现利润	8.229	0.122	0.062
合计	—	1.974	1.000

8.2.4.4　综合权重

综合权重的构造方法为：首先将路径系数权重 W_i^1、变异系数权重 W_i^2、信息异质化权重 W_i^3 相乘：

$$W_i = \prod_{j=1}^{3} W_i^j (i = 1,2,\cdots,n) \tag{8－11}$$

而后将其归一化，得到标准化的综合权重 W_i^*

$$W_i^* = \frac{W_i}{\sum_{i=1}^{n} W_i} \tag{8－12}$$

表 8-15　旅游发展指数（TDI）综合权重计算过程

指标	标准化的路径系数权重 W_i^1	标准化的变异系数权重 W_i^2	标准化的异质性权重数 W_i^3	综合权重 W_i	标准化的综合权重 W_i^*
省会城市游客满意度	0.194	0.006	0.066	0.000076824	0.021
旅游业总收入占地区生产总值比重	0.141	0.043	0.104	0.000630552	0.170
旅游总收入	0.055	0.085	0.052	0.000243100	0.066
接待入境游客人天数增长率	0.052	0.040	0.057	0.000118560	0.032
旅行社实缴税金	0.059	0.124	0.049	0.000358484	0.097
旅游业基本单位数	0.054	0.062	0.064	0.000214272	0.058
旅游企业固定资产原值	0.047	0.107	0.062	0.000311798	0.084
旅游从业人员数	0.061	0.084	0.053	0.000271572	0.073
优秀旅游城市数	0.037	0.087	0.130	0.000418470	0.113
国际旅游收入占旅游业总收入比重	0.035	0.083	0.066	0.000191730	0.052
旅游就业人数占总就业人数百分比	0.050	0.079	0.075	0.000296250	0.080
星级饭店全员劳动生产率	0.062	0.038	0.055	0.000129580	0.035
星级酒店人均实现利税	0.062	0.036	0.054	0.000120528	0.032
旅行社全员劳动生产率	0.053	0.063	0.054	0.000180306	0.049
旅行社人均实现利润	0.037	0.064	0.062	0.000146816	0.040
合计	1	1	1	—	1

8.3　基于“产业提升”视阈的旅游发展指数（TDI-1）实证分析

8.3.1　各地区旅游发展指数（TDI-1）排序

根据前两节所示的指标集的选取和综合指标赋权，计算各地区旅游发展指数（TDI）的数据，见表 8-16 和图 8-5。

表 8-16　各地区基于产业视阈的旅游发展指数（TDI-1）排序

编号	地区	TDI 得分（%）	序位
1	北京	67.2	1
2	天津	21.3	19
3	河北	22.2	17
4	山西	19.4	22
5	内蒙古	17.3	24
6	辽宁	36.7	7
7	吉林	15.9	26
8	黑龙江	19.2	23
9	上海	59.4	3
10	江苏	55.1	4
11	浙江	54.3	5
12	安徽	23.2	15
13	福建	29.4	10
14	江西	15.5	27
15	山东	49.3	6
16	河南	31.9	8
17	湖北	27.2	11
18	湖南	25.7	12
19	广东	66.1	2
20	广西	20.4	21
21	海南	20.8	20
22	重庆	23.2	16
23	四川	30	9
24	贵州	25.2	13
25	云南	24.8	14
26	西藏	14.6	29
27	陕西	21.8	18
28	甘肃	16.1	25
29	青海	5.4	31
30	宁夏	10.4	30
31	新疆	14.9	28

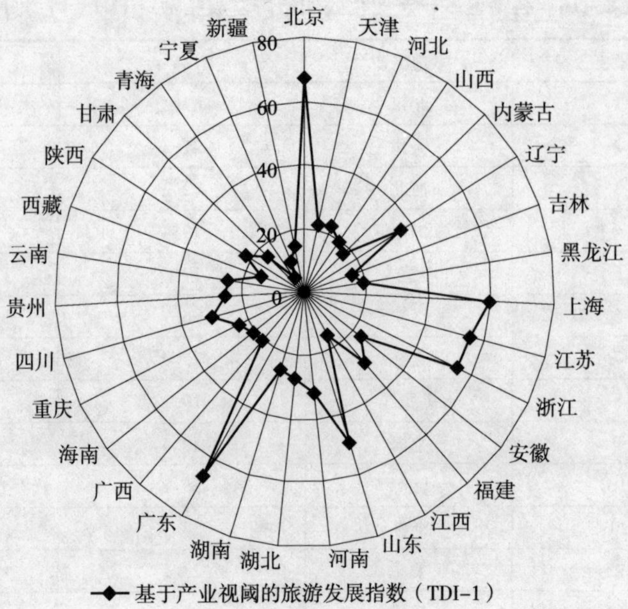

图8－5　基于产业视阈的旅游发展指数（TDI－1）

8.3.2　基于产业视阈的旅游发展指数（TDI－1）聚类分析

本部分拟采用分层聚类法对各地区旅游发展指数（TDI－1）进行分析。分层聚类分析也称系统聚类分析，运算思想是首先将各个指标各自视为一类，根据各类间的相似程度将最接近的类别加以合并，如此不断循环，直至将所有类别合并为一个类别为止。

8.3.2.1　旅游发展指数聚类过程（TDI－1）及结果

将表8－17中各地区旅游发展指数（TDI－1）值代入IBM SPSS STATISTIC 21软件，进行聚类分析，其树状图见图8－6。

8.3.2.2　旅游发展指数（TDI－1）聚类分析

从聚类龙骨图可以看出，北京、广东构成我国旅游发展的第一梯队第一集团，江苏、浙江、上海、山东构成我国旅游发展的第一梯队第二集团，这些省市除了一线的直辖市外，其余均为沿海发达地区。

辽宁、河南、四川、福建四个省份的旅游发展指数（TDI－1）处于第二梯队第一集团，湖南、湖北、贵州、云南构成第二梯队第二集团，安徽、重庆、河北、陕西、天津、海南、广西、山西、黑龙江构成第二梯队第三集团。新疆、西藏、甘肃、吉林、江西、内蒙古构成第二梯队第四集团，宁夏和青海的旅游发展指数处于较低水平，属于第二梯队第五集团。

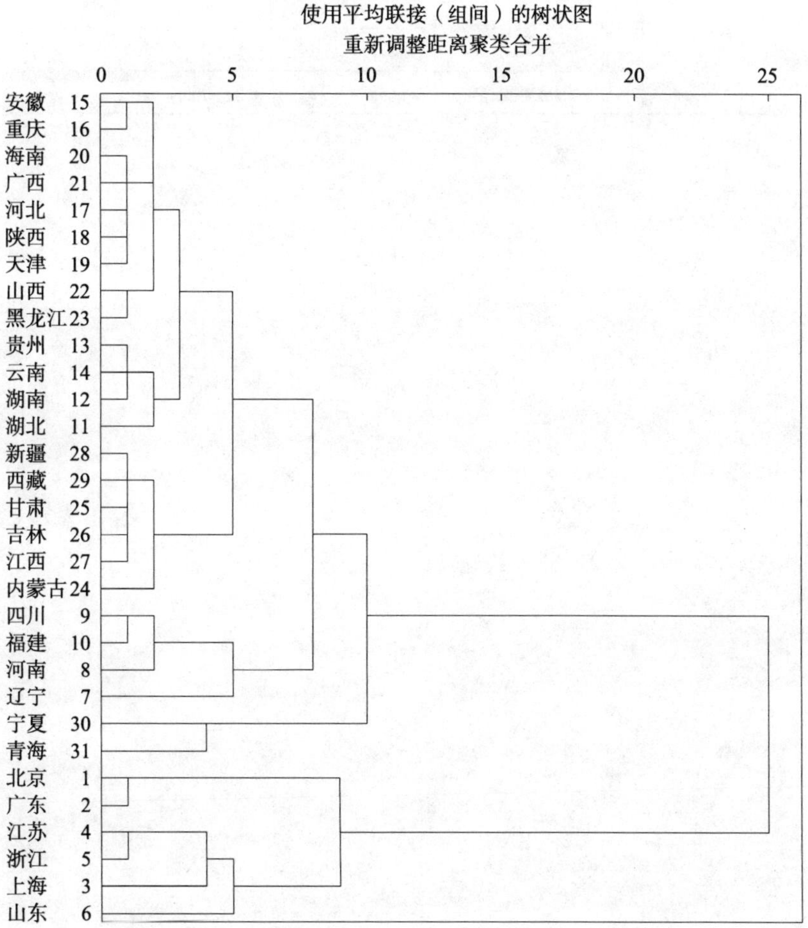

图8－6　旅游发展指数（TDI－1）聚类分析——树状图

表 8－17　各地区旅游发展指数（TDI）分类图

梯队	集团	省、直辖市、自治区
第一梯队	第一集团	北京、广东
	第二集团	江苏、浙江、上海、山东
第二梯队	第一集团	辽宁、河南、四川、福建
	第二集团	湖南、湖北、贵州、云南
	第三集团	安徽、重庆、河北、陕西、天津、海南、广西、山西、黑龙江
	第四集团	新疆、西藏、甘肃、吉林、江西、内蒙古
	第五集团	宁夏、青海

9 基于“市场培育”视阈的旅游发展体系（TDS－M）模型

本部分研究旅游发展体系各数据群之间的计量关系。研究的基础是前述各章理论研究的结论。在本章中，将采用建立结构方程模型（SEM）的方法进行拟合，运用 IBM SPSS AMOS 20（Analysis of Moment Structures）统计分析软件进行验证，并进行实证研究。

9.1 模型构建

旅游涉及社会经济生活的方方面面。研究旅游发展，从市场角度出发，离不开对旅游供给、旅游需求和市场环境的综合考察。

9.1.1 理论基础

本章模型的理论基础是“旅游市场供求理论”。旅游市场由供给和需求两个方面组成。供给部分主要取决于旅游特征产业的要素禀赋条件，需求部分主要取决于居民消费能力。同时，旅游业发展处在一定的人口及社会综合发展环境下，并受环境影响。理论的具体论述参见第 7 章。

9.1.2 假设生成

假设 1：旅游发展指数（TDI－2）可从核心产业的产业规模、产业地位、产业效益三方面进行衡量。

假设2：旅游产业规模可用优秀旅游城市数、旅游从业人员数、旅游企业固定资产原值、旅游业基本单位数、旅行社实缴税金、接待入境游客人天数、旅游总收入进行衡量。

假设3：旅游产业地位可用省会城市游客满意度、旅游业总收入占地区生产总值的比重进行衡量。

假设4：旅游产业效益可用国际旅游收入占旅游业总收入比重、旅游业就业人数占总就业人数百分比、星级饭店全员劳动生产率、星级酒店人均实现利润、旅行社全员劳动生产率、旅行社人均实现利润进行衡量。

假设5：要素禀赋条件由旅游特征产业提供的艺术演映场次、博物馆数量、限额以上餐饮企业法人数、邮电业务总量、地区客运总量、清扫保洁面积衡量。

假设6：人口社会由每十万人口高等学校在校生数、每千人口医疗卫生机构床位数、城乡消费水平比、人口自然增长率来衡量。

假设7：旅游消费能力由社会消费品零售总额、私人汽车拥有量来衡量。

假设8：要素禀赋直接影响旅游发展指数（TDI）。

假设9：消费能力直接影响旅游发展指数（TDI）。

假设10：要素禀赋通过人口社会、消费能力间接影响旅游发展指数（TDI）。

9.1.3 数据采集

测量变量全部来自《中国统计年鉴（2011）》《中国旅游统计年鉴（2011）》和中国旅游研究院公布的调查报告结果。搜集相关指标值，首先进行归一化处理，然后进行正态分布检验和缺失值检验（过程略）。

9.1.4 模型设计

本模型（见图9－1）包含“要素禀赋”“人口社会”“消费能力”“产业规模”“产业地位”“产业效益”六个测量模型（代码表见表9－1），包含一个旅游发展指数（TDI）的二级验证性因子模型和一个结构方程模型（图9－2）。

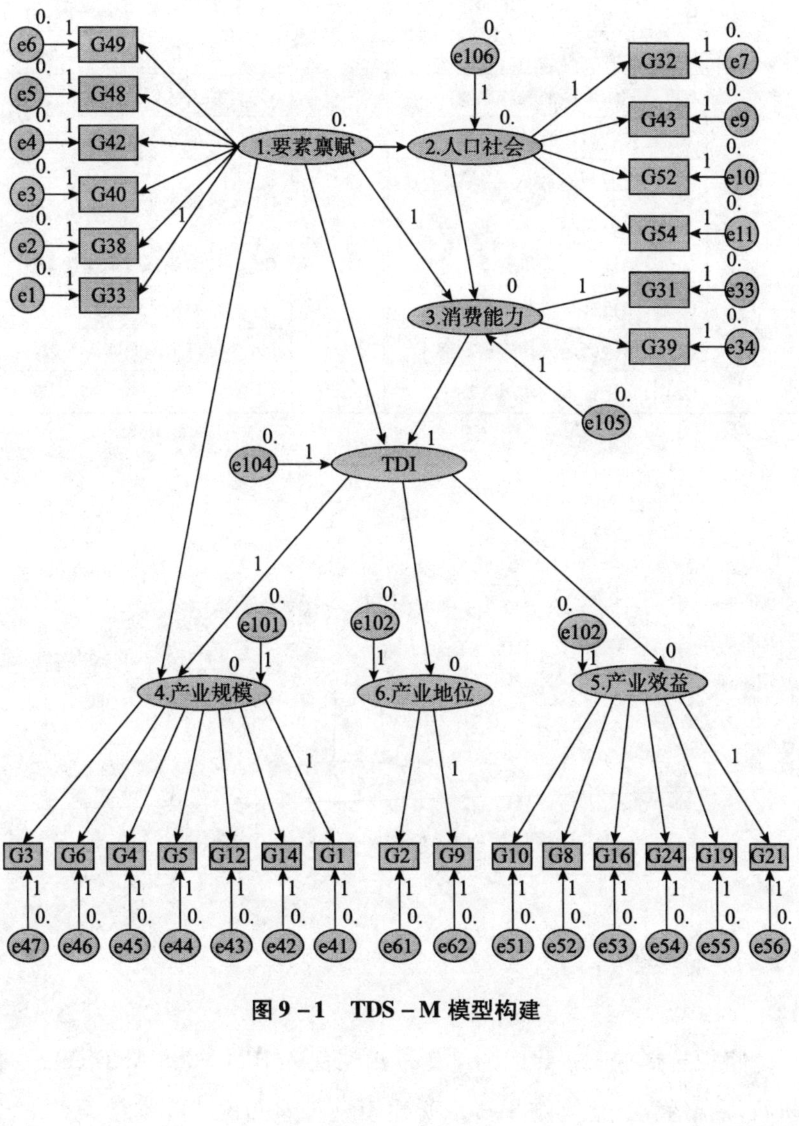

图9－1　TDS－M模型构建

表 9-1 “市场视阈”下旅游发展测度体系指标代码表

准则层	代码	指标名称	准则层	代码	指标名称
要素禀赋	G33	清扫保洁面积	人口社会	G32	每十万人口高等学校在校生数
	G38	各地区客运量		G43	每千人口医疗卫生机构床位数
	G40	邮电业务总量		G52	城乡消费水平对比
	G42	限额以上餐饮企业法人数		G54	人口自然增长率
	G48	博物馆数量	消费能力	G31	社会消费品零售总额
	G49	艺术表演演映场次		G39	私人载客汽车拥有量
产业地位	G2	省会城市游客满意度	产业规模	G1	旅游总收入
	G9	旅游业总收入占地区生产总值比重		G4	旅游企业固定资产原值
产业效益	G16	星级饭店全员劳动生产率		G5	旅游业基本单位数
	G19	旅行社全员劳动生产率		G6	旅游从业人员数
	G21	星级酒店人均实现利润		G14	接待入境游客人天数
	G24	旅行社人均实现利润			

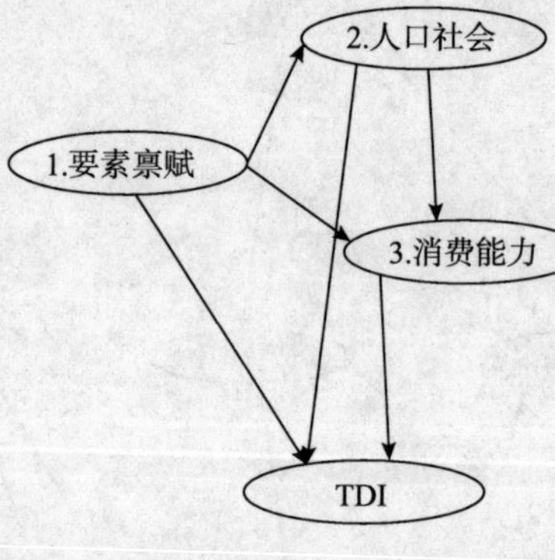

图 9-2 TDS-M 模型中的结构方程模型

9.2 模型估计

将拟选择的归一化的测量变量数据代入 IBM SPSS AMOS20 软件进行拟合运算，运算结果显示所建模型是递归的。样本量为 31 个。

变量总数有 63 个，其中，观察变量数 25 个，潜变量数 22 个，外生变量数 32 个，内生变量数 31 个。模型的参数汇总：权重系数 66 个，其中固定系数 39 个，自由系数 27 个，自由的协方差 26 个，误差方差 32 个，截距项 1 个。得到了最大似然估计（Maximum Likelihood Estimates）结果如下。

路径系数显示见图 9－3。

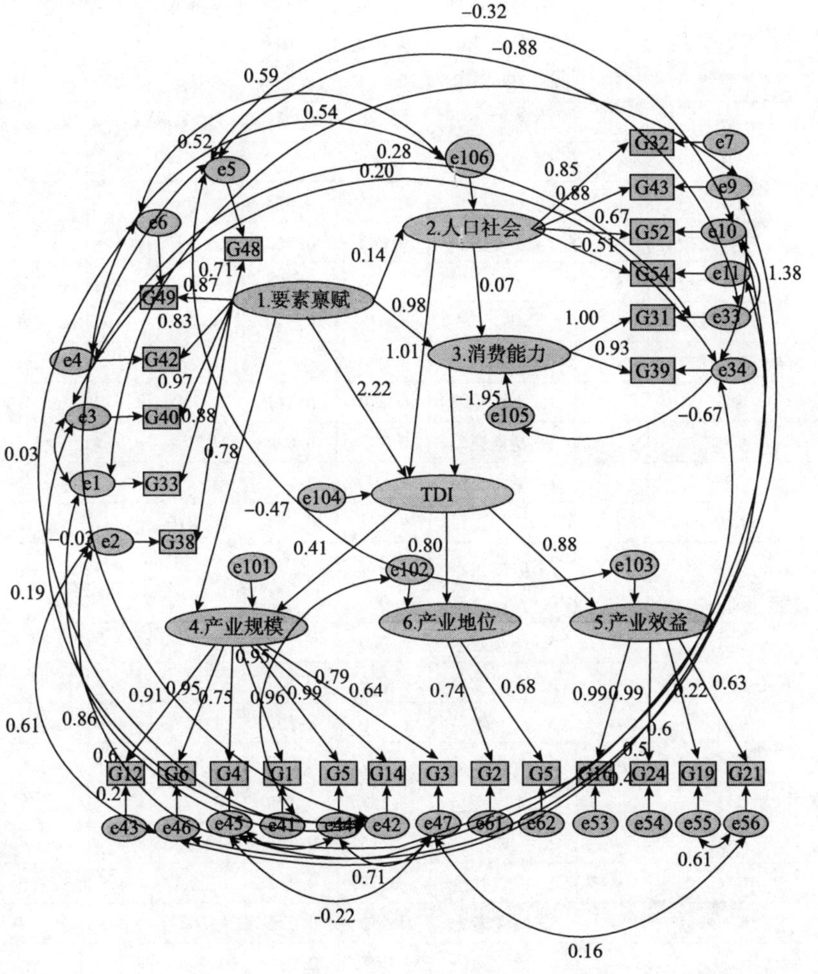

图 9－3　模型拟合结果（TDS－M 模型）

9.2.1 回归权重估计及显著性检验

回归权重估计值及显著性检验见表9－2。

表9－2 回归权重估计值及显著性检验（TDS－M模型）

Regression Weights：（Group number 1 － Default model）

			Estimate	S. E.	C. R.	P	Label
2. 人口社会	←	1. 要素禀赋	0.108	0.150	0.718	0.472	par_ 11
3. 消费能力	←	1. 要素禀赋	1.077	0.047	23.076	***	par_ 24
3. 消费能力	←	2. 人口社会	0.105	0.038	2.735	0.006	par_ 28
TDI	←	3. 消费能力	－0.801	0.075	－10.646	***	par_ 25
TDI	←	1. 要素禀赋	1.000				
TDI	←	2. 人口社会	0.585	0.093	6.266	***	par_ 53
4. 产业规模	←	1. 要素禀赋	0.845	0.062	13.683	***	par_ 13
6. 产业地位	←	TDI	1.191	0.278	4.278	***	par_ 14
5. 产业效益	←	TDI	1.415	0.370	3.827	***	par_ 29
4. 产业规模	←	TDI	1.000				
G42	←	1. 要素禀赋	0.878	0.111	7.929	***	par_ 1
G38	←	1. 要素禀赋	0.871	0.084	10.384	***	par_ 2
G33	←	1. 要素禀赋	1.000				
G40	←	1. 要素禀赋	0.795	0.057	14.076	***	par_ 3
G31	←	3. 消费能力	1.000				
G32	←	2. 人口社会	1.000				
G21	←	5. 产业效益	1.000				
G19	←	5. 产业效益	1.029	0.174	5.925	***	par_ 4
G24	←	5. 产业效益	1.146	0.250	4.577	***	par_ 5
G16	←	5. 产业效益	1.187	0.260	4.572	***	par_ 6
G43	←	2. 人口社会	1.157	0.176	6.571	***	par_ 7
G52	←	2. 人口社会	－1.157	0.261	－4.436	***	par_ 8
G54	←	2. 人口社会	－0.789	0.222	－3.557	***	par_ 9
G39	←	3. 消费能力	0.982	0.072	13.627	***	par_ 10
G2	←	6. 产业地位	1.301	0.335	3.887	***	par_ 12
G9	←	6. 产业地位	1.000				
G49	←	1. 要素禀赋	0.735	0.152	4.840	***	par_ 37
G48	←	1. 要素禀赋	0.711	0.123	5.765	***	par_ 38

续表

			Estimate	S. E.	C. R.	P	Label
G3	←	4. 产业规模	0. 682	0. 152	4. 490	* * *	par_ 45
G14	←	4. 产业规模	0. 601	0. 086	6. 968	* * *	par_ 46
G5	←	4. 产业规模	0. 924	0. 092	10. 037	* * *	par_ 47
G12	←	4. 产业规模	0. 931	0. 090	10. 356	* * *	par_ 49
G6	←	4. 产业规模	0. 902	0. 066	13. 706	* * *	par_ 50
G4	←	4. 产业规模	0. 804	0. 132	6. 110	* * *	par_ 51
G1	←	4. 产业规模	1. 000				

为了识别模型，部分路径系数固定为1。除了“要素禀赋对人口社会”“人口社会对消费能力”的P值不够显著外，其余的P值均显示为＊＊＊，表示路径系数在0.95的显著性水平上明显不等于0。

9.2.2 TDS－M模型标准化的回归系数估计

标准化的回归系数估计值见表9－3。

表9－3 标准化的回归系数估计值（TDS－M模型）

Standardized Regression Weights:（Group number 1 － Default model）

			Estimate
2. 人口社会	←	1. 要素禀赋	0. 139
3. 消费能力	←	1. 要素禀赋	0. 984
3. 消费能力	←	2. 人口社会	0. 075
TDI	←	3. 消费能力	－1. 949
TDI	←	1. 要素禀赋	2. 223
TDI	←	2. 人口社会	1. 007
4. 产业规模	←	1. 要素禀赋	0. 762
6. 产业地位	←	TDI	0. 797
5. 产业效益	←	TDI	0. 857
4. 产业规模	←	TDI	0. 405
G42	←	1. 要素禀赋	0. 835
G38	←	1. 要素禀赋	0. 885
G33	←	1. 要素禀赋	0. 974

续表

			Estimate
G40	←	1. 要素禀赋	0. 945
G31	←	3. 消费能力	0. 999
G32	←	2. 人口社会	0. 853
G21	←	5. 产业效益	0. 635
G19	←	5. 产业效益	0. 825
G24	←	5. 产业效益	0. 993
G16	←	5. 产业效益	0. 991
G43	←	2. 人口社会	0. 857
G52	←	2. 人口社会	-0. 670
G54	←	2. 人口社会	-0. 514
G39	←	3. 消费能力	0. 927
G2	←	6. 产业地位	0. 744
G9	←	6. 产业地位	0. 677
G49	←	1. 要素禀赋	0. 667
G48	←	1. 要素禀赋	0. 707
G3	←	4. 产业规模	0. 641
G14	←	4. 产业规模	0. 792
G5	←	4. 产业规模	0. 904
G12	←	4. 产业规模	0. 913
G6	←	4. 产业规模	0. 948
G4	←	4. 产业规模	0. 754
G1	←	4. 产业规模	0. 956

在市场视阈的旅游发展体系中，对于旅游发展指数（TDI-2）而言，要素禀赋（即产业供给）是最大的影响因素（路径系数2. 223），其次是消费能力（-1. 949），再次是人口社会因素（1. 007）。可以解释为，旅游的供给与旅游需求对旅游发展指数的影响至关重要，而人口社会的发展程度在一定程度上会影响旅游发展程度。

9.2.3 相关系数估计

相关系数估计值见表9－4。

表9－4 相关系数估计值（TDS－M模型）

Correlations：（Group number 1 － Default model）

			Estimate
e2 各地区客运量	<-->	e46 旅游从业人员数	0.613
e11 人口自然增长率	<-->	e46 旅游从业人员数	0.545
e5 博物馆数量	<-->	e103 产业效益	－0.474
e44 旅游业基本单位数	<-->	e6 艺术表演演映场次	0.189
e9 每千人口医疗卫生机构床位数	<-->	e45 旅游企业固定资产原值	0.288
e10 城乡消费水平比	<-->	e105 消费能力	－0.671
e10 城乡消费水平比	<-->	e46 旅游从业人员数	0.163
e10 城乡消费水平比	<-->	e33 社会消费品零售总额	1.384
e1 清扫保洁面积	<-->	e3 邮电业务总量	0.032
e3 邮电业务总量	<-->	e34 私人载客汽车拥有量	0.199
e45 旅游企业固定资产原值	<-->	e34 私人载客汽车拥有量	0.423
e56 旅行社人均实现利润	<-->	e55 旅游业全员劳动生产率	0.615
e1 清扫保洁面积	<-->	e9 每千人口医疗卫生机构床位数	0.539
e10 城乡消费水平比	<-->	e5 博物馆数量	－0.318
e4 限额以上餐饮企业法人数	<-->	e34 私人载客汽车拥有量	0.279
e4 限额以上餐饮企业法人数	<-->	e106 人口社会	0.522
e6 艺术表演演映场次	<-->	e106 人口社会	0.590
e33 社会消费品零售总额	<-->	e5 博物馆数量	－0.864
e3 邮电业务总量	<-->	e42 接待入境游客人天数	0.857
e42 接待入境游客人天数	<-->	e5 博物馆数量	－0.034
e1 清扫保洁面积	<-->	e42 接待入境游客人天数	0.347
e45 旅游企业固定资产原值	<-->	e47 优秀旅游城市数	－0.225
e44 旅游业基本单位数	<-->	e47 优秀旅游城市数	0.708
e47 优秀旅游城市数	<-->	e56 旅行社人均实现利润	0.160
e2 清扫保洁面积	<-->	e44 旅游业基本单位数	－0.266
e41 旅游总收入	<-->	e102 产业地位	0.954

在本模型中，相关程度最高的几组变量分别是：城乡消费水平比—社会消费品零售总额、旅游总收入—产业地位、社会消费品零售总额—博物馆数量、邮电业务总量—接待入境游客人天数、旅游业基本单位数—优秀旅游城市数、城乡消费水平比—消费能力。

9.2.4 误差方差估计及显著性检验

误差方差估计及显著性检验见表9-5。

表9-5 误差方差估计及显著性检验（TDS-M模型）

Variances:（Group number 1 - Default model）

	Estimate	S. E.	C. R.	P	Label
1. 要素禀赋	0.048	0.013	3.715	***	par_ 79
e106	0.028	0.009	3.100	0.002	par_ 80
e105	0.000	0.000	1.286	0.199	par_ 81
e104	0.001	0.001	0.885	0.376	par_ 82
e102	0.008	0.006	1.294	0.196	par_ 83
e103	0.007	0.004	1.900	0.057	par_ 84
e101	0.000	0.000	-0.945	0.345	par_ 85
e1	0.003	0.001	3.692	***	par_ 86
e2	0.010	0.002	4.345	***	par_ 87
e3	0.004	0.001	3.881	***	par_ 88
e4	0.016	0.004	3.947	***	par_ 89
e7	0.011	0.003	3.482	***	par_ 90
e9	0.014	0.004	3.361	***	par_ 91
e10	0.047	0.013	3.695	***	par_ 92
e11	0.050	0.013	3.826	***	par_ 93
e33	0.000	0.000	0.199	0.842	par_ 94
e41	0.006	0.002	3.526	***	par_ 95
e42	0.013	0.003	3.808	***	par_ 96
e43	0.010	0.003	3.718	***	par_ 97
e44	0.011	0.002	4.543	***	par_ 98
e45	0.029	0.007	4.187	***	par_ 99
e46	0.005	0.001	4.235	***	par_ 100
e47	0.040	0.009	4.186	***	par_ 101

续表

	Estimate	S. E.	C. R.	P	Label
e56	0. 039	0. 010	4. 042	* * *	par_ 102
e54	0. 001	0. 001	1. 028	0. 304	par_ 103
e53	0. 001	0. 001	1. 256	0. 209	par_ 104
e62	0. 026	0. 008	3. 344	* * *	par_ 105
e61	0. 030	0. 010	2. 942	0. 003	par_ 106
e34	0. 009	0. 002	4. 378	* * *	par_ 107
e5	0. 024	0. 006	4. 014	* * *	par_ 108
e6	0. 032	0. 008	4. 062	* * *	par_ 109
e55	0. 013	0. 003	3. 806	* * *	par_ 110

误差方差全部为正，说明模型的矩阵正定。

9.2.5 总效应

总效应（Total Effects）见表9－6。

表9－6 总效应（TDS－M 模型）

	要素禀赋	人口社会	消费能力	TDI	产业规模	产业地位	产业效益
人口社会	0. 108	0. 000	0. 000	0. 000	0. 000	0. 000	0. 000
消费能力	1. 088	0. 105	0. 000	0. 000	0. 000	0. 000	0. 000
TDI	0. 192	0. 500	－0. 801	0. 000	0. 000	0. 000	0. 000
产业规模	1. 037	0. 500	－0. 801	1. 000	0. 000	0. 000	0. 000
产业地位	0. 228	0. 596	－0. 954	1. 191	0. 000	0. 000	0. 000
产业效益	0. 271	0. 708	－1. 133	1. 415	0. 000	0. 000	0. 000
G48 博物馆数量	0. 711	0. 000	0. 000	0. 000	0. 000	0. 000	0. 000
G49 艺术表演演映场次	0. 735	0. 000	0. 000	0. 000	0. 000	0. 000	0. 000
G39 私人载客汽车拥有量	1. 069	0. 103	0. 982	0. 000	0. 000	0. 000	0. 000
G2 省会城市游客满意度	0. 297	0. 775	－1. 240	1. 549	0. 000	1. 301	0. 000
G9 旅游业总收入占地区生产总值比重	0. 228	0. 596	－0. 954	1. 191	0. 000	1. 000	0. 000
G16 星级饭店全员劳动生产率	0. 322	0. 840	－1. 345	1. 679	0. 000	0. 000	1. 187
G24 星级酒店人均实现利润	0. 311	0. 811	－1. 298	1. 621	0. 000	0. 000	1. 146

续表

	要素禀赋	人口社会	消费能力	TDI	产业规模	产业地位	产业效益
G19 旅行社全员劳动生产率	0.279	0.728	-1.166	1.455	0.000	0.000	1.029
G21 旅行社人均实现利润	0.271	0.708	-1.133	1.415	0.000	0.000	1.000
G3 优秀旅游城市数	0.707	0.341	-0.546	0.682	0.682	0.000	0.000
G6 旅游从业人员数	0.935	0.451	-0.723	0.902	0.902	0.000	0.000
G4 旅游企业固定资产原值	0.833	0.402	-0.644	0.804	0.804	0.000	0.000
G5 旅游业基本单位数	0.958	0.463	-0.740	0.924	0.924	0.000	0.000
G12 旅行社实缴税金	0.965	0.466	-0.746	0.931	0.931	0.000	0.000
G14 接待入境游客人天数	0.623	0.301	-0.481	0.601	0.601	0.000	0.000
G1 旅游总收入	1.037	0.500	-0.801	1.000	1.000	0.000	0.000
G31 社会消费品零售总额	1.088	0.105	1.000	0.000	0.000	0.000	0.000
G54 人口自然增长率	-0.085	-0.789	0.000	0.000	0.000	0.000	0.000
G52 城乡消费水平对比	-0.125	-1.157	0.000	0.000	0.000	0.000	0.000
G43 每千人口医疗卫生机构床位数	0.125	1.157	0.000	0.000	0.000	0.000	0.000
G32 每十万人口高等学校在校生数	0.108	1.000	0.000	0.000	0.000	0.000	0.000
G42 限额以上餐饮企业法人数	0.878	0.000	0.000	0.000	0.000	0.000	0.000
G40 邮电业务总量	0.795	0.000	0.000	0.000	0.000	0.000	0.000
G38 各地客运量	0.871	0.000	0.000	0.000	0.000	0.000	0.000
G33 清扫保洁面积	1.000	0.000	0.000	0.000	0.000	0.000	0.000

9.2.6 直接效应

直接效应（Direct Effects）见表9－7。

表9－7 直接效应（TDS－M模型）

	要素禀赋	人口社会	消费能力	TDI	产业规模	产业地位	产业效益
人口社会	0.108	0.000	0.000	0.000	0.000	0.000	0.000
消费能力	1.077	0.105	0.000	0.000	0.000	0.000	0.000
TDI	1.000	0.585	-0.801	0.000	0.000	0.000	0.000
产业规模	0.845	0.000	0.000	1.000	0.000	0.000	0.000

续表

	要素禀赋	人口社会	消费能力	TDI	产业规模	产业地位	产业效益
产业地位	0.000	0.000	0.000	1.191	0.000	0.000	0.000
产业效益	0.000	0.000	0.000	1.415	0.000	0.000	0.000
G48 博物馆数量	0.711	0.000	0.000	0.000	0.000	0.000	0.000
G49 艺术表演演映场次	0.735	0.000	0.000	0.000	0.000	0.000	0.000
G39 私人载客汽车拥有量	0.000	0.000	0.982	0.000	0.000	0.000	0.000
G2 省会城市游客满意度	0.000	0.000	0.000	0.000	0.000	1.301	0.000
G9 旅游业总收入占地区生产总值比重	0.000	0.000	0.000	0.000	0.000	1.000	0.000
G16 星级饭店全员劳动生产率	0.000	0.000	0.000	0.000	0.000	0.000	1.187
G24 星级酒店人均实现利润	0.000	0.000	0.000	0.000	0.000	0.000	1.146
G19 旅行社全员劳动生产率	0.000	0.000	0.000	0.000	0.000	0.000	1.029
G21 旅行社人均实现利润	0.000	0.000	0.000	0.000	0.000	0.000	1.000
G3 优秀旅游城市数	0.000	0.000	0.000	0.000	0.682	0.000	0.000
G6 旅游从业人员数	0.000	0.000	0.000	0.000	0.902	0.000	0.000
G4 旅游企业固定资产原值	0.000	0.000	0.000	0.000	0.804	0.000	0.000
G5 旅游业基本单位数	0.000	0.000	0.000	0.000	0.924	0.000	0.000
G12 旅行社实缴税金	0.000	0.000	0.000	0.000	0.931	0.000	0.000
G14 接待入境游客人天数	0.000	0.000	0.000	0.000	0.601	0.000	0.000
G1 旅游总收入	0.000	0.000	0.000	0.000	1.000	0.000	0.000
G31 社会消费品零售总额	0.000	0.000	1.000	0.000	0.000	0.000	0.000
G54 人口自然增长率	0.000	−0.789	0.000	0.000	0.000	0.000	0.000
G52 城乡消费水平对比	0.000	−1.157	0.000	0.000	0.000	0.000	0.000
G43 每千人口医疗卫生机构床位数	0.000	1.157	0.000	0.000	0.000	0.000	0.000
G32 每十万人口高等学校在校生数	0.000	1.000	0.000	0.000	0.000	0.000	0.000
G42 限额以上餐饮企业法人数	0.878	0.000	0.000	0.000	0.000	0.000	0.000
G40 邮电业务总量	0.795	0.000	0.000	0.000	0.000	0.000	0.000
G38 各地客运量	0.871	0.000	0.000	0.000	0.000	0.000	0.000
G33 清扫保洁面积	1.000	0.000	0.000	0.000	0.000	0.000	0.000

9.2.7 间接效应

间接效应分析见表9－8。

表9－8 间接效应分析（TDS－M模型）

Indirect Effects（Group number 1 － Default model）

	要素禀赋	人口社会	消费能力	TDI	产业规模	产业地位	产业效益
人口社会	0.000	0.000	0.000	0.000	0.000	0.000	0.000
消费能力	0.011	0.000	0.000	0.000	0.000	0.000	0.000
TDI	－0.808	－0.084	0.000	0.000	0.000	0.000	0.000
产业规模	0.192	0.500	－0.801	0.000	0.000	0.000	0.000
产业地位	0.228	0.596	－0.954	0.000	0.000	0.000	0.000
产业效益	0.271	0.708	－1.133	0.000	0.000	0.000	0.000
G48 博物馆数量	0.000	0.000	0.000	0.000	0.000	0.000	0.000
G49 艺术表演演映场次	0.000	0.000	0.000	0.000	0.000	0.000	0.000
G39 私人载客汽车拥有量	1.069	0.103	0.000	0.000	0.000	0.000	0.000
G2 省会城市游客满意度	0.297	0.775	－1.240	1.549	0.000	0.000	0.000
G9 旅游业总收入占地区生产总值比重	0.228	0.596	－0.954	1.191	0.000	0.000	0.000
G16 星级饭店全员劳动生产率	0.322	0.840	－1.345	1.679	0.000	0.000	0.000
G24 星级酒店人均实现利润	0.311	0.811	－1.298	1.621	0.000	0.000	0.000
G19 旅行社全员劳动生产率	0.279	0.728	－1.166	1.455	0.000	0.000	0.000
G21 旅行社人均实现利润	0.271	0.708	－1.133	1.415	0.000	0.000	0.000
G3 优秀旅游城市数	0.707	0.341	－0.546	0.682	0.000	0.000	0.000
G6 旅游从业人员数	0.935	0.451	－0.723	0.902	0.000	0.000	0.000
G4 旅游企业固定资产原值	0.833	0.402	－0.644	0.804	0.000	0.000	0.000
G5 旅游业基本单位数	0.958	0.463	－0.740	0.924	0.000	0.000	0.000
G12 旅行社实缴税金	0.965	0.466	－0.746	0.931	0.000	0.000	0.000
G14 接待入境游客人天数	0.623	0.301	－0.481	0.601	0.000	0.000	0.000
G1 旅游总收入	1.037	0.500	－0.801	1.000	0.000	0.000	0.000
G31 社会消费品零售总额	1.088	0.105	0.000	0.000	0.000	0.000	0.000
G54 人口自然增长率	－0.085	0.000	0.000	0.000	0.000	0.000	0.000
G52 城乡消费水平对比	－0.125	0.000	0.000	0.000	0.000	0.000	0.000

续表

	要素禀赋	人口社会	消费能力	TDI	产业规模	产业地位	产业效益
G43 每千人口医疗卫生机构床位数	0.125	0.000	0.000	0.000	0.000	0.000	0.000
G32 每十万人口高等学校在校生数	0.108	0.000	0.000	0.000	0.000	0.000	0.000
G42 限额以上餐饮企业法人数	0.000	0.000	0.000	0.000	0.000	0.000	0.000
G40 邮电业务总量	0.000	0.000	0.000	0.000	0.000	0.000	0.000
G38 各地客运量	0.000	0.000	0.000	0.000	0.000	0.000	0.000
G33 清扫保洁面积	0.000	0.000	0.000	0.000	0.000	0.000	0.000

9.3 拟合评价

9.3.1 适配度之卡方检验

卡方检验结果见表9－9。

表9－9 CMIN（TDS－M模型）

Model	NPAR	CMIN	DF	P	CMIN/DF
Default model	110	478.263	240	0.000	1.993
Saturated model	350	0.000	0		
Independence model	50	1607.282	300	0.000	5.358

CMIN/DF的值为1.993，是远小于4的可接受值，说明模型拟合度很好。

9.3.2 基线比较

基线比较结果见表9－10。

表9－10 Baseline Comparisons（TDS－M模型）

Model	NFI Delta1	RFI rho1	IFI Delta2	TLI rho2	CFI
Default model	0.702	0.628	0.826	0.772	0.818
Saturated model	1.000		1.000		1.000
Independence model	0.000	0.000	0.000	0.000	0.000

CFI 和 IFI 均大于 0.8，拟合效果良好。

9.4 模型结论

结构方程模型见图 9－4。

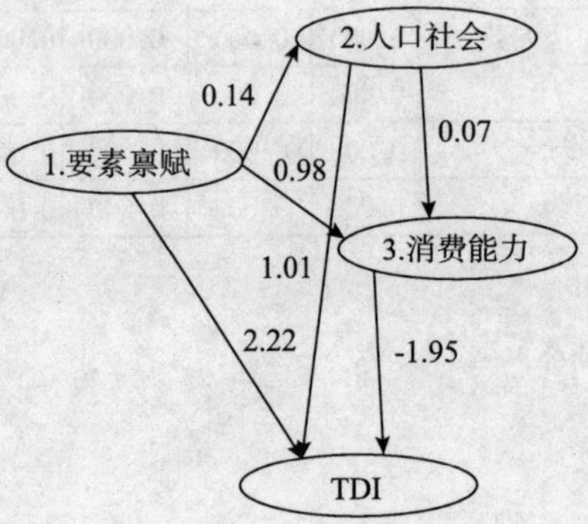

图 9－4 TDS－M 模型结构方程模型

9.4.1 结构方程解释

假设 TDI 等于 ξ，要素禀赋为 ξ_1，人口社会为 ξ_2，消费能力为 ξ_3，则模型所含的结构方程组为：

$$\xi = 2.22\xi_1 + 1.01\xi_2 - 1.95\xi_3 + \zeta_1 \quad (9-1)$$

$$\xi_2 = 0.14\xi_1 + \zeta_2 \quad (9-2)$$

$$\xi_3 = 0.98\xi_1 + 0.07\xi_2 + \zeta_3 \quad (9-3)$$

方程含义为：

（1）旅游发展指数（TDI－2）与旅游产业及相关产业的要素禀赋情况、人口素质提升和社会事业全面发展状况、居民消费能力有密切关系。

（2）要素禀赋状况对旅游发展指数（TDI）的影响有四个途径。

第一路径：禀赋状况—旅游发展指数（TDI）。

第二路径：禀赋状况—人口社会—旅游发展指数（TDI）。

第三路径：禀赋状况—消费能力—旅游发展指数（TDI）。

第四路径：禀赋状况—人口社会—消费能力—旅游发展指数（TDI）。

9.4.2 “市场视阈”下旅游发展指数分析

“市场视阈”下旅游发展指数分析见表9－11和图9－5。

表9－11 “市场视阈”下的旅游影响因素指数排名

地区	要素禀赋指数		消费能力指数		人口社会指数		TDI－2指数	
	得分	位序	得分	位序	得分	位序	分值	位序
北京	35.04	6	50.52	5	290.02	1	72.71	2
天津	8.85	27	17.84	21	131.13	3	32.78	8
河北	23.24	13	48.69	6	－86.01	22	13.27	27
山西	21.23	16	22.82	14	15.47	9	17.32	25
内蒙古	12.76	24	19.52	17	－58.66	15	21.97	21
辽宁	26.49	10	35.05	9	70.08	4	40.11	6
吉林	13.76	22	17.95	20	49.27	6	18.76	23
黑龙江	16.04	20	21.00	16	42.18	7	22.21	18
上海	23.70	12	26.50	12	221.21	2	76.47	1
江苏	67.35	2	74.57	3	60.09	5	54.86	3
浙江	49.60	4	63.80	4	23.19	8	49.14	4
安徽	27.21	9	21.26	15	－81.38	20	23.15	17
福建	21.57	15	25.94	13	－27.93	14	24.57	13
江西	18.19	17	14.07	23	－77.03	18	10.26	29
山东	60.09	3	86.81	2	－22.33	12	28.24	10
河南	35.41	5	45.12	7	－78.99	19	21.98	20
湖北	30.72	8	30.40	10	－3.59	10	23.71	15
湖南	23.80	11	28.26	11	－71.29	16	22.17	19
广东	85.33	1	100.00	1	－110.91	26	43.79	5
广西	14.97	21	16.80	22	－163.08	29	19.51	22
海南	5.18	28	2.75	28	－91.25	23	24.71	12
重庆	17.69	18	13.13	24	－84.31	21	26.18	11
四川	33.76	7	40.57	8	－10.27	11	35.66	7
贵州	9.74	26	9.15	25	－188.3	31	32.19	9
云南	16.63	19	18.71	19	－99.12	24	24.30	14
西藏	0.25	31	0.00	31	－178.58	30	23.35	16

续表

地区	要素禀赋指数		消费能力指数		人口社会指数		TDI－2 指数	
	得分	位序	得分	位序	得分	位序	分值	位序
陕西	21.63	14	19.45	18	－27.91	13	17.36	24
甘肃	12.86	23	6.39	27	－113.13	27	11.62	28
青海	2.16	29	1.23	30	－101.23	25	6.42	31
宁夏	2.09	30	2.00	29	－118.46	28	8.02	30
新疆	10.66	25	8.90	26	－72.25	17	16.19	26

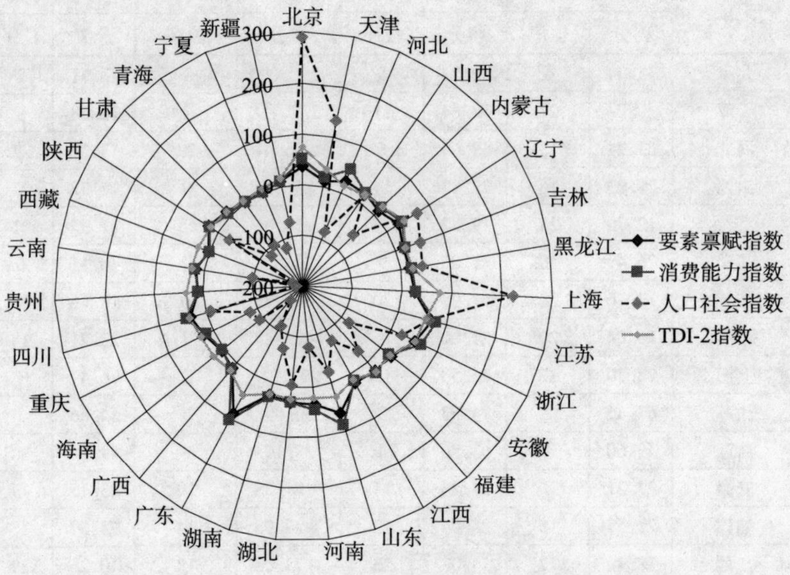

图 9－5　“市场视阈”视角下旅游发展体系各指数值对比

结论 1：各地区旅游发展指数、要素禀赋和消费能力基本匹配。

结论 2：各地区间人口社会指数差距很大，反映了社会资源分配不平衡，地区之间存在巨大悬殊。这是构成不可持续发展的最大隐患。

结论 3：旅游发展指数 TDI－2 基本与要素禀赋和消费能力同步发展，但受人口社会因素影响较大。人口社会指数高的地区旅游发展指数相对本地的消费和要素而言要高。因此，人口社会发展悬殊问题构成了旅游科学发展的重大问题，值得关注。

10 基于“环境包容”视阈的旅游科学发展模型（TSD－E）

旅游作为一种特殊的生活状态，涉及面广，在经济与社会发展和人的全面发展中起着重要的作用。全面的旅游发展测度体系不仅应从“产业视阈”出发衡量旅游核心产业的地位、规模和效应；也应从旅游消费的“市场视阈”出发，衡量旅游发展所需要的特征产业要素供给支撑、人的全面发展和社会全面进步所释放出的消费需求等市场要素的支撑；更应将旅游活动置于人与自然、人与社会的和谐发展体系中考虑旅游活动的投入和产出，考虑旅游产品供给与要素供给能力，考虑在改善民生基础上的人口素质提升、社会全面进步、考虑环境包容力范围内的旅游的全面、协调、可持续发展。本章将基于“环境包容视阈”，以旅游科学发展理论为依据，建立旅游科学发展模型（TSD－E）。

10.1 模型设计

本部分将在旅游科学发展理论的指导下，综合选取相关指标，构建结构方程模型（SEM），将旅游发展指数（TDI－3）置于产业支撑、人口社会和环境包容的影响下，验证人的全面发展、社会全面进步和产业要素支撑对旅游发展的直接和间接影响。

10.1.1 理论基础

基于“环境包容”的旅游科学发展模型是在第9章基于“市场视阈”的旅游发展体系（TDS－M）模型基础上，进一步考虑“环境包容力”对旅游产业可持续发展的局限和影响，理论基础是第7章所阐述的旅游科学发展理论体系。

10.1.1.1 旅游全面发展理论

从旅游全面发展的原则上讲，旅游发展应做到经济效益、社会效益和环境效益相统一的发展。

从经济效益上讲，旅游全面发展的重点内容是提升旅游产业地位、扩大产业规模、提升产出效益，据此提高旅游产业的经济地位，充分发挥旅游产业的经济带动作用，辐射更多的相关产业的发展，扩大税收来源和获得更多外汇收入。

从社会效益上讲，旅游的发展应在以人为本的思想指导下，建立在人的全面发展和社会全面进步的基础上。同时旅游的产出不仅要帮助旅游者实现自我和修复身心，而且应尽量尊重旅游者的人文需求，提倡更多社会资源和公共资源免费向社会开放，体现旅游的公益性。同时，营造良好的消费环境和消费意识，保证旅游过程平等、健康、安全、文明。减少旅游资源的垄断性经营和社会资源对游客的闭锁，减少强制交易等危害游客的经营行为。同时，保障公民的假期，落实带薪休假制度，提倡有张有弛的社会生活理念。旅游发展应对老工业基地、民族聚集区、边境地区和贫困地区加大扶持和开发力度。应关注旅游业促进就业、提升区域形象等社会效应，更应将旅游发展看作是改善“民生”问题的重要途径。旅游业的发展应使更多公民能自由享有旅游休闲的权利，并从产业服务角度尽力创造条件保障和满足公民的旅游需求。

从环境效益上讲，旅游业的发展一方面要在可持续发展的基础上，考虑到环境的包容能力，依法合理利用环境和旅游资源，另一方面，也可以尝试通过发展旅游业促进净化和绿化环境工程，发挥旅游业无烟工业和绿色产业的优势。

10.1.1.2　旅游协调发展理论

旅游发展不应仅是规模的扩大和争取更高的顾客满意度，而是在旅游发展的同时要考虑与其他产业、社会文明和自然资源相互协调。

旅游业发展应与第一产业、第二产业和第三产业中的其他产业形成融合，与工业、商业、餐饮业、文化艺术、体育科教等形成互动，协调发展。

旅游发展应与城市规划相协调。应与湿地、草原、自然保护区、历史文化名城（镇）、古镇等规划相协调。以旅游业为主导产业或支柱产业的地区和城市，在城市建设和新区开发时应根据旅游常态人口容量设计交通、通信、医疗卫生、网络信息和生活服务设施。

10.1.1.3　旅游可持续发展理论

旅游可持续发展要考虑环境包容力的约束，同时营造良好的发展环境，保证旅游业有适当的发展速度和增长潜力。

此外，旅游地应合理估算景区景点的游客承载力，保证旅游资源的恢复能力和可持续发展能力。提倡节能环保绿色的旅行方式，保证社会可持续发展。

10.1.2　假设生成

假设1：旅游发展指数（TDI）可以由旅游产业的经济地位、旅游产业整体发展规模和旅游产业的产出经济效益三个方面进行全面综合评价。其中，衡量旅游产业经济“地位”主要关注以下几个方面：游客满意程度、旅游业是否占据支柱产业或主导产业的地位。衡量旅游产业整体发展“规模”主要关注：旅游总收入总量、接待入境游客总量、旅行社税收贡献、旅游业基本单位规模（含酒店、旅行社和景区）、旅游企业固定资产原值（含酒店、旅行社和景区）、旅游从业人员数（含酒店、旅行社和景区）、所在区域优秀旅游城市数量。衡量旅游产业经济效益的指标主要有：旅游外汇创收能力、旅游业的就业贡献、旅游企业的全员劳动生产率和人均实现利润。

假设2：旅游发展受人的全面发展和社会全面进步的直接影响。反映人的发展和社会全面进步的要素有：经济富裕程度、教育条件、医疗条件、人口规模与整体素质、城乡协调发展程度、网络信息的充裕程度、文化艺术氛围等。

假设3：旅游发展受城市建设和城市管理等支撑要素发展的直接影响。这些产业支撑要素分别是城市保洁、客运条件、邮电业务、餐饮发达程度、博物馆数量与分布、商业零售业的规模与分布等。

假设4：要素支撑受环境包容的直接影响。环境可持续发展决定了要素的可持续发展。

假设5：人全面发展和社会全面进步受环境包容的直接影响。环境可持续发展决定了人和社会的可持续发展。

假设6：旅游发展指数（TDI）受环境包容力的间接影响。

10.1.3 数据采集

根据前述理论和假设，旅游发展指数（TDI－3）由产业规模、产业地位和产业效益三个数据模块进行综合评价。由于全模型涉及的测量变量增多，考虑到模型的更佳拟合结果和各数据之间的内生关系，经过多次拟合运算，在修正指数（MI）的提示下，不断调试模型，调整后的影响旅游发展指数（TDI）各潜变量的测量变量见表10－1。同时对旅游业发展产生重大影响的因素，拟假设为“产业支撑指数”（Industry－Supporting Index，ISI）、“人口社会指数”（Population and Social Index，PSI）和“环境包容指数”（Environment Capacity Index，ECI）。

表 10－1　旅游测度体系各指数及归一化指标代码

综合指数（残差项）	潜变量（残差项）	归一化的测量指标		误差项
旅游发展指数（TDI）（e100）	旅游产业发展规模（e104）	G1	旅游总收入	e41
		G14	接待入境游客人天数	e42
		G6	旅游从业人员数	e43
		G5	旅游业基本单位数	e44
		G4	旅游企业固定资产原值	e45
	旅游产业发展地位（e105）	G2	省会城市游客满意度	e51
		G12	旅行社实缴税金	e52
	旅游产业发展效益（e106）	G16	星级酒店全员劳动生产率	e61
		G24	星级酒店人均实现利润	e62
		G19	旅行社全员劳动生产率	e63
		G21	旅行社人均实现利润	e64
产业支撑指数（ISI）（e101）		G38	各地区客运量	e12
		G40	邮电业务总量	e13
		G42	限额以上餐饮企业法人数	e14
		G48	博物馆数量	e15
		G31	社会消费品零售总额	e16
		G33	清扫保洁面积	e11
人口社会指数（PSI）（e102）		G28	人均地区生产总值	e22
		G54	人口自然增长率	e23
		G43	每千人口医疗卫生机构床位数	e25
		G32	每十万人口高等学校在校生数	e26
		G41	互联网普及率	e27
		G52	城乡消费水平对比	e24
		G49	艺术表演演映场次	e21
环境包容指数（ECI）		G45	可利用草原面积	e31
		G47	自然保护区占辖区面积比重	e32
		G53	建成区绿化覆盖率	e33
		G60	森林蓄积量	e34

10.1.4 模型设计及路径图

模型的初始路径见图 10－1，其中：环境包容对产业支撑、环境包容和对人口社会构成直接效应；产业支撑对旅游发展指数（TDI－3)、人口社会对旅游发展指数（TDI－3）构成直接效应；环境包容对旅游发展指数（TDI－3）通过产业支撑和人口社会构成间接效应。为保证模型恰好识别，固定若干路径指数为 1。

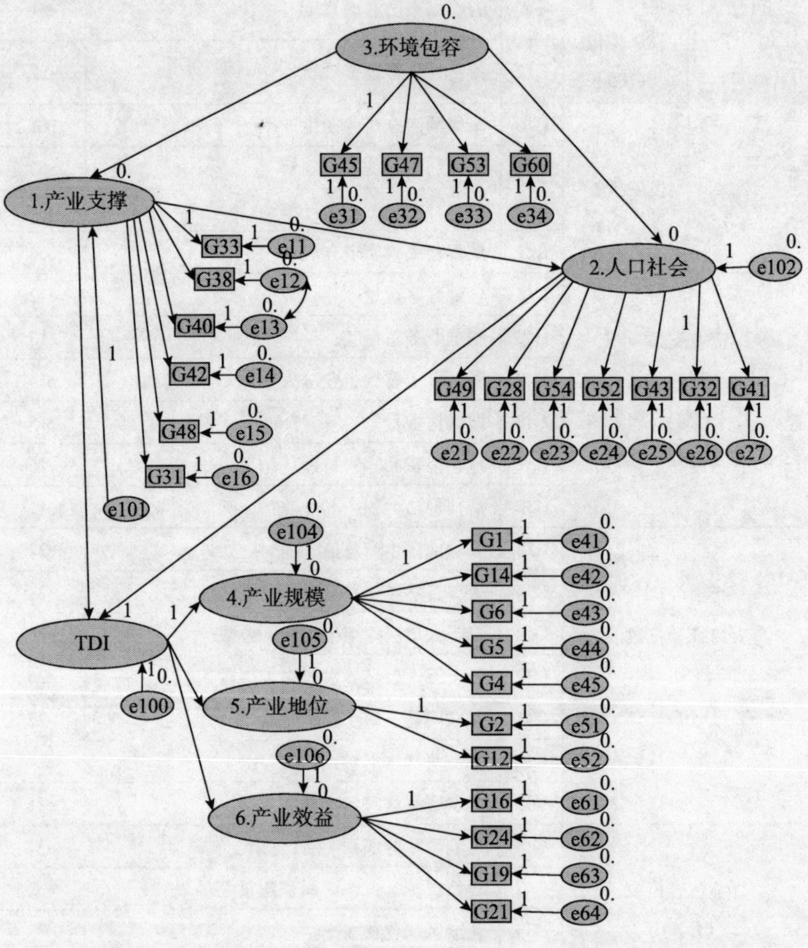

图 10－1 “环境包容”下的旅游发展测度体系全模型初始路径图

模型包含环境包容、产业支撑、人口社会、产业规模、产业地位、产业效益六个测量模型，包含一个旅游发展指数（TDI－3）二级验证性因子分析模型，还有一个结构方程模型（见图10－2）。

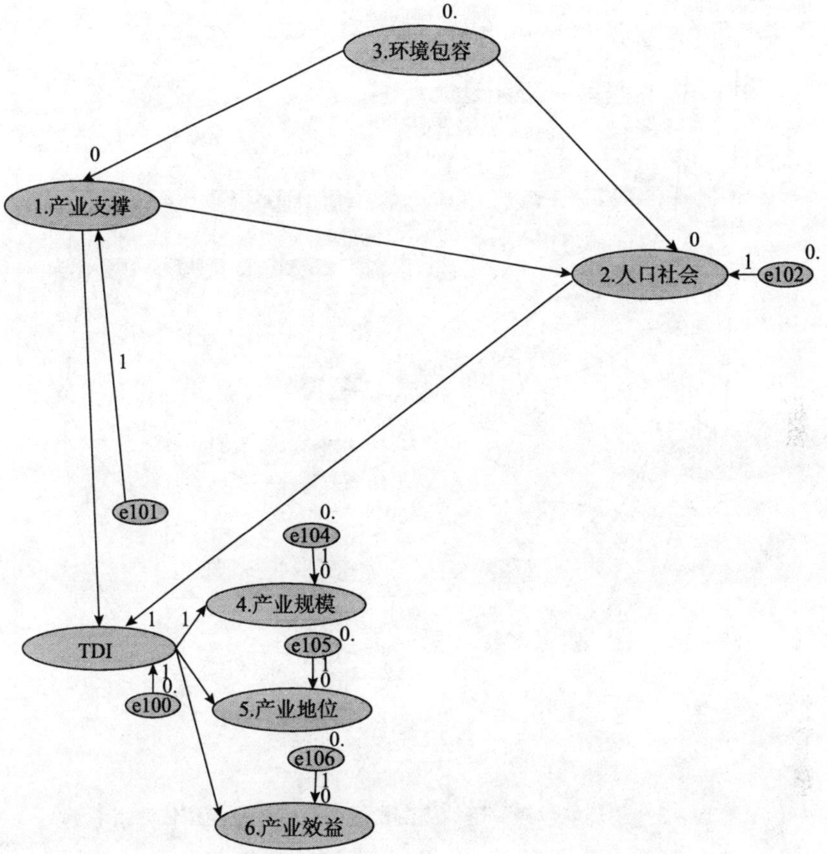

图10－2 “环境包容”下的旅游发展测度体系结构方程模型

10.2 模型估计

经过多次调整和计算，模型的最大似然估计（Maximum Likelihood Estimates）结果见图10－3。

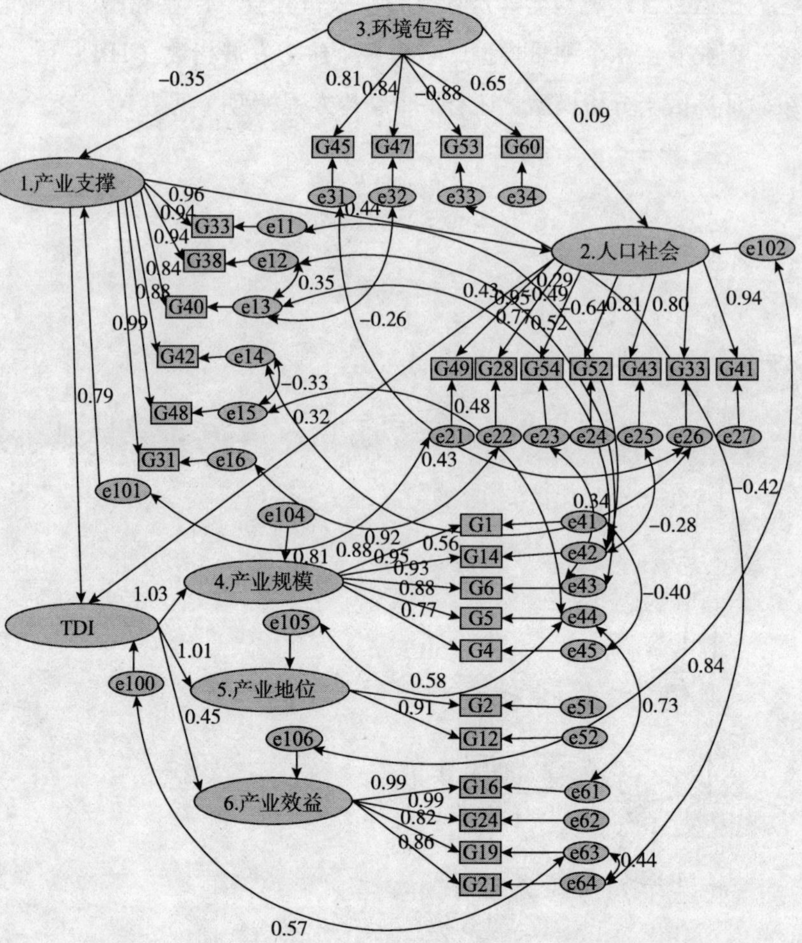

图 10-3 “环境包容”下的旅游发展测度体系全模型估计结果

10.2.1 回归权重估计及显著性检验

回归权重估计及显著性检验见表 10-2。

表 10-2 回归权重估计及显著性检验（TSD-E 模型）

Regression Weights:（Group number 1 - Default model）

			Estimate	S. E.	C. R.	P	Label
1. 产业支撑	←	3. 环境包容	-0.357	0.153	-2.333	0.020	par_ 35
2. 人口社会	←	1. 产业支撑	0.340	0.129	2.645	0.008	par_ 14

续表

			Estimate	S. E.	C. R.	P	Label
2. 人口社会	←	3. 环境包容	0. 073	0. 074	0. 989	0. 323	par_ 40
TDI	←	1. 产业支撑	0. 897	0. 081	11. 060	* * *	par_ 15
TDI	←	2. 人口社会	0. 463	0. 080	5. 767	* * *	par_ 23
5. 产业地位	←	TDI	0. 661	0. 164	4. 031	* * *	par_ 7
6. 产业效益	←	TDI	0. 411	0. 126	3. 265	0. 001	par_ 8
4. 产业规模	←	TDI	1. 000				
G6	←	4. 产业规模	0. 872	0. 087	10. 016	* * *	par_ 1
G4	←	4. 产业规模	0. 881	0. 169	5. 203	* * *	par_ 2
G1	←	4. 产业规模	1. 000				
G14	←	4. 产业规模	0. 731	0. 085	8. 571	* * *	par_ 3
G5	←	4. 产业规模	1. 012	0. 116	8. 727	* * *	par_ 4
G21	←	6. 产业效益	0. 821	0. 157	5. 230	* * *	par_ 5
G19	←	6. 产业效益	0. 789	0. 086	9. 216	* * *	par_ 6
G16	←	6. 产业效益	1. 000				
G53	←	3. 环境包容	-0. 734	0. 159	-4. 609	* * *	par_ 9
G60	←	3. 环境包容	0. 827	0. 204	4. 056	* * *	par_ 10
G45	←	3. 环境包容	1. 000				
G47	←	3. 环境包容	0. 899	0. 149	6. 038	* * *	par_ 11
G12	←	5. 产业地位	1. 432	0. 362	3. 951	* * *	par_ 12
G2	←	5. 产业地位	1. 000				
G24	←	6. 产业效益	0. 946	0. 029	33. 112	* * *	par_ 13
G32	←	2. 人口社会	1. 000				
G49	←	2. 人口社会	0. 683	0. 214	3. 186	0. 001	par_ 16
G28	←	2. 人口社会	1. 646	0. 178	9. 249	* * *	par_ 17
G54	←	2. 人口社会	-0. 817	0. 260	-3. 138	0. 002	par_ 18
G52	←	2. 人口社会	-1. 160	0. 283	-4. 094	* * *	par_ 19
G43	←	2. 人口社会	1. 196	0. 185	6. 454	* * *	par_ 20
G42	←	1. 产业支撑	0. 971	0. 108	8. 961	* * *	par_ 21
G38	←	1. 产业支撑	0. 823	0. 102	8. 094	* * *	par_ 22
G33	←	1. 产业支撑	1. 000				
G41	←	2. 人口社会	1. 553	0. 192	8. 071	* * *	par_ 24
G48	←	1. 产业支撑	0. 662	0. 138	4. 783	* * *	par_ 25
G40	←	1. 产业支撑	0. 877	0. 069	12. 623	* * *	par_ 26
G31	←	1. 产业支撑	1. 085	0. 057	19. 139	* * *	par_ 27

在本模型中，回归系数的 P 值均显示＊＊＊，表示通过显著性检验。潜变量与所有测量变量之间均存在密切关系。

10.2.2 标准化的回归权重

标准化的回归权重估计结果见表 10－3。

表 10－3 标准化的回归权重估计结果（TSD－E 模型）

Standardized Regression Weights:（Group number 1 － Default model）

			Estimate
1. 产业支撑	←	3. 环境包容	－0.350
2. 人口社会	←	1. 产业支撑	0.440
2. 人口社会	←	3. 环境包容	0.093
TDI	←	1. 产业支撑	0.794
TDI	←	2. 人口社会	0.317
5. 产业地位	←	TDI	1.013
6. 产业效益	←	TDI	0.452
4. 产业规模	←	TDI	1.029
G6	←	4. 产业规模	0.930
G4	←	4. 产业规模	0.767
G1	←	4. 产业规模	0.920
G14	←	4. 产业规模	0.854
G5	←	4. 产业规模	0.885
G21	←	6. 产业效益	0.661
G19	←	6. 产业效益	0.823
G16	←	6. 产业效益	0.993
G53	←	3. 环境包容	－0.678
G60	←	3. 环境包容	0.653
G45	←	3. 环境包容	0.814
G47	←	3. 环境包容	0.837
G12	←	5. 产业地位	0.909
G2	←	5. 产业地位	0.583
G24	←	6. 产业效益	0.992
G32	←	2. 人口社会	0.801

续表

			Estimate
G49	←	2. 人口社会	0. 431
G28	←	2. 人口社会	0. 947
G54	←	2. 人口社会	-0. 491
G52	←	2. 人口社会	-0. 639
G43	←	2. 人口社会	0. 812
G42	←	1. 产业支撑	0. 838
G38	←	1. 产业支撑	0. 839
G33	←	1. 产业支撑	0. 964
G41	←	2. 人口社会	0. 935
G48	←	1. 产业支撑	0. 657
G40	←	1. 产业支撑	0. 937
G31	←	1. 产业支撑	0. 992

10. 2. 3 协方差估计结果

协方差估计结果见表 10 - 4。

表 10 - 4 协方差估计结果（TSD - E 模型）

Covariances:（Group number 1 - Default model）

			Estimate	S. E.	C. R.	P	Label
e106	<-->	e102	0. 020	0. 006	3. 217	0. 001	par_ 49
e63	<-->	e64	0. 009	0. 003	3. 285	0. 001	par_ 28
e33	<-->	e64	-0. 013	0. 005	-2. 726	0. 006	par_ 29
e22	<-->	e16	0. 002	0. 001	2. 783	0. 005	par_ 30
e44	<-->	e61	0. 002	0. 001	3. 208	0. 001	par_ 31
e45	<-->	e41	-0. 006	0. 003	-2. 178	0. 029	par_ 32
e14	<-->	e26	0. 009	0. 003	3. 035	0. 002	par_ 33
e15	<-->	e14	-0. 007	0. 002	-2. 632	0. 008	par_ 34
e42	<-->	e11	0. 002	0. 000	3. 262	0. 001	par_ 36
e32	<-->	e13	-0. 002	0. 001	-3. 340	* * *	par_ 37
e31	<-->	e26	-0. 007	0. 003	-2. 487	0. 013	par_ 38
e12	<-->	e13	0. 002	0. 001	4. 458	* * *	par_ 39

续表

			Estimate	S. E.	C. R.	P	Label
e43	<-->	e23	0. 006	0. 002	2. 522	0. 012	par_ 41
e42	<-->	e25	-0. 004	0. 001	-3. 446	* * *	par_ 42
e43	<-->	e12	0. 004	0. 001	4. 378	* * *	par_ 43
e42	<-->	e13	0. 005	0. 001	3. 955	* * *	par_ 44
e44	<-->	e15	0. 009	0. 003	3. 130	0. 002	par_ 45
e21	<-->	e101	0. 023	0. 009	2. 681	0. 007	par_ 46
e63	<-->	e100	0. 003	0. 001	3. 522	* * *	par_ 47
e44	<-->	e105	-0. 005	0. 001	-3. 157	0. 002	par_ 48

10. 2. 4　相关系数估计

相关系数估计结果见表 10 - 5。

表 10 - 5　相关系数估计结果（TSD - E 模型）

Correlations:（Group number 1 - Default model）

相关关系			估计值（Estimate）
e106	<-->	e102	0. 838
e63	<-->	e64	0. 444
e33	<-->	e64	-0. 422
e22	<-->	e16	0. 878
e44	<-->	e61	0. 732
e45	<-->	e41	-0. 402
e14	<-->	e26	0. 564
e15	<-->	e14	-0. 330
e42	<-->	e11	0. 285
e32	<-->	e13	-0. 262
e31	<-->	e26	-0. 433
e12	<-->	e13	0. 347
e43	<-->	e23	0. 354
e42	<-->	e25	-0. 277
e43	<-->	e12	0. 530
e42	<-->	e13	0. 769
e44	<-->	e15	0. 483
e21	<-->	e101	0. 612
e63	<-->	e100	0. 570

相关系数可以用于衡量潜变量间的相关强度，其系数越大表示相关程度越强。由验证分析可知，人均地区生产总值与社会消费品零售总额的残差项、旅游产业发展效益与人口社会指数残差项、接待入境游客人天数与邮电业务总量残差项、旅游业基本单位数与星级酒店全员劳动生产率残差项、艺术表演演映场次与产业支撑指数残差项、旅行社全员劳动生产率与旅游发展指数残差项、限额以上餐饮企业法人数与每十万人口高等学校在校生数之间存在较为密切的相关关系。

10.2.5 误差方差估计

误差方差估计结果见表10-6。

表10-6 误差方差估计结果

Variances：(Group number 1 - Default model)

	Estimate	S. E.	C. R.	P	Label
3. 环境包容	0.040	0.014	2.832	0.005	par_ 78
e101	0.036	0.010	3.556	* * *	par_ 79
e102	0.020	0.007	3.012	0.003	par_ 80
e100	0.003	0.001	3.900	* * *	par_ 81
e105	-0.001	0.002	-0.298	0.766	par_ 82
e106	0.027	0.007	3.783	* * *	par_ 83
e104	-0.003	0.001	-4.135	* * *	par_ 84
e42	0.010	0.002	5.090	* * *	par_ 85
e44	0.014	0.003	4.945	* * *	par_ 86
e45	0.027	0.007	4.150	* * *	par_ 87
e43	0.006	0.001	4.960	* * *	par_ 88
e11	0.003	0.001	3.621	* * *	par_ 89
e12	0.012	0.002	4.871	* * *	par_ 90
e32	0.014	0.005	2.573	0.010	par_ 91
e33	0.025	0.007	3.571	* * *	par_ 92
e34	0.037	0.010	3.691	* * *	par_ 93
e41	0.009	0.002	4.869	* * *	par_ 94

续表

	Estimate	S. E.	C. R.	P	Label
e51	0.044	0.011	3.828	* * *	par_ 95
e61	0.001	0.000	1.345	0.179	par_ 96
e62	0.001	0.000	1.643	0.100	par_ 97
e63	0.011	0.002	4.476	* * *	par_ 98
e64	0.038	0.009	4.191	* * *	par_ 99
e52	0.010	0.004	2.236	0.025	par_ 100
e15	0.024	0.006	4.169	* * *	par_ 101
e31	0.020	0.007	3.116	0.002	par_ 102
e13	0.004	0.001	4.660	* * *	par_ 103
e24	0.048	0.013	3.823	* * *	par_ 104
e21	0.040	0.011	3.653	* * *	par_ 105
e14	0.017	0.004	4.156	* * *	par_ 106
e23	0.052	0.014	3.846	* * *	par_ 107
e22	0.008	0.002	3.148	0.002	par_ 108
e25	0.018	0.005	3.703	* * *	par_ 109
e26	0.014	0.004	3.930	* * *	par_ 110
e27	0.009	0.003	3.313	* * *	par_ 111
e16	0.001	0.000	2.325	0.020	par_ 112

10.3 拟合评价

拟合优度指标见表10-7。

表10-7 拟合优度指标（TSD-E模型）

$\chi^2 = 658.896, df = 322, P = 0.000$

绝对拟合指标	CMIN/DF	2.046
	RMSEA	0.187
相对拟合指标	NFI	0.640
	IFI	0.777
	CFI	0.768

其中CMIN/DF的值为2.046，远小于4的可接受范围，说明模

型拟合较理想。CFI 和 IFI 四舍五入符合 0.8 的基本要求。唯一不理想的是 RMSEA 值太大，说明模型还有进一步改进的空间。

10.4 环境包容视阈下的旅游科学发展体系计量结果

环境包容视阈下的旅游科学发展体系计量结果见表 10－8、表 10－9 和图 10－4。

表 10－8 “环境包容”视阈下各地区旅游发展指数测度值

地区	产业规模 $W_1=0.4126$		产业地位 $W_2=0.4062$		产业效益 $W_3=0.1812$		旅游发展指数 TDI	
	得分	序位	得分	序位	得分	序位	得分	序位
北京	0.6039	4	0.7581	2	0.8939	2	0.7191	2
天津	0.1131	25	0.2994	10	0.5935	11	0.2758	17
河北	0.3464	8	0.1006	26	0.5379	26	0.2812	14
山西	0.1794	17	0.1343	21	0.5108	30	0.2211	20
内蒙古	0.1365	21	0.2701	11	0.5400	24	0.2639	18
辽宁	0.3633	7	0.3288	9	0.6343	6	0.3984	7
吉林	0.1186	24	0.1053	24	0.5633	17	0.1938	25
黑龙江	0.1342	22	0.2349	15	0.5598	18	0.2523	19
上海	0.4633	6	0.7533	4	0.9779	1	0.6744	4
江苏	0.6690	2	0.7574	3	0.6915	4	0.7090	3
浙江	0.5885	5	0.5981	5	0.7614	3	0.6237	5
安徽	0.2254	14	0.2644	13	0.5668	16	0.3031	11
福建	0.2695	10	0.2415	14	0.6162	9	0.3210	10
江西	0.1447	19	0.0273	31	0.5318	27	0.1672	29
山东	0.6046	3	0.3771	7	0.5929	12	0.5101	6
河南	0.2973	9	0.1690	20	0.5562	20	0.2921	13
湖北	0.2595	12	0.3659	8	0.5430	23	0.3541	9

续表

地区	产业规模 $W_1=0.4126$		产业地位 $W_2=0.4062$		产业效益 $W_3=0.1812$		旅游发展指数 TDI	
	得分	序位	得分	序位	得分	序位	得分	序位
湖南	0.2507	13	0.1963	17	0.6220	8	0.2959	12
广东	0.8732	1	0.8340	1	0.6792	5	0.8221	1
广西	0.1684	18	0.1022	25	0.5577	19	0.2120	22
海南	0.0881	27	0.0919	27	0.6258	7	0.1871	26
重庆	0.1414	20	0.2658	12	0.6145	10	0.2776	15
四川	0.2601	11	0.3823	6	0.5888	13	0.3693	8
贵州	0.1038	26	0.1754	19	0.5391	25	0.2118	23
云南	0.2143	15	0.2174	16	0.5540	21	0.2771	16
西藏	0.0071	30	0.1854	18	0.5288	28	0.1740	28
陕西	0.1829	16	0.0916	28	0.5681	15	0.2156	21
甘肃	0.0855	28	0.1097	22	0.5225	29	0.1745	27
青海	0.0170	29	0.0749	29	0.4874	31	0.1258	31
宁夏	0.0042	31	0.0721	30	0.5517	22	0.1310	30
新疆	0.1224	23	0.1072	23	0.5776	14	0.1987	24

表 10－9 “环境包容”视阈下相关影响指数

地区	环境包容指数		产业支撑指数		人口社会指数	
	得分	序位	得分	序位	得分	序位
北京	－0.1219	19	0.3301	7	1.2798	1
天津	－0.0264	12	0.0998	27	0.7967	3
河北	－0.2715	30	0.2673	11	0.0263	19
山西	－0.1090	16	0.1786	18	0.2736	9
内蒙古	0.6640	2	0.1433	23	0.1600	14
辽宁	－0.0405	13	0.3020	9	0.4723	6
吉林	0.1815	9	0.1588	21	0.2769	8
黑龙江	0.3274	7	0.1820	17	0.2262	12
上海	－0.2128	26	0.2394	14	1.1009	2
江苏	－0.2792	31	0.6501	3	0.6310	4
浙江	－0.2087	25	0.4606	4	0.6161	5
安徽	－0.1701	23	0.2813	10	－0.0731	24
福建	－0.1799	24	0.2416	13	0.3192	7
江西	－0.2371	28	0.1887	16	－0.0861	25

续表

地区	环境包容指数		产业支撑指数		人口社会指数	
	得分	序位	得分	序位	得分	序位
山东	-0.2425	29	0.6900	2	0.2499	11
河南	-0.1231	20	0.3945	5	-0.0221	22
湖北	-0.1104	17	0.3118	8	0.2213	13
湖南	-0.0485	14	0.2640	12	0.0017	20
广东	-0.1531	22	0.9307	1	0.2712	10
广西	0.0118	11	0.1663	20	-0.2205	29
海南	-0.2327	27	0.0480	28	-0.0040	21
重庆	-0.1329	21	0.1587	22	0.0639	17
四川	0.4324	4	0.3631	6	0.0815	16
贵州	0.0483	10	0.1036	26	-0.3495	31
云南	0.2276	8	0.1714	19	-0.1463	27
西藏	1.4170	1	0.0000	31	-0.2526	30
陕西	-0.0980	15	0.2213	15	0.1326	15
甘肃	0.3472	5	0.1294	24	-0.1602	28
青海	0.6054	3	0.0200	30	-0.0358	23
宁夏	-0.1131	18	0.0221	29	-0.0934	26
新疆	0.3437	6	0.1064	25	0.0528	18

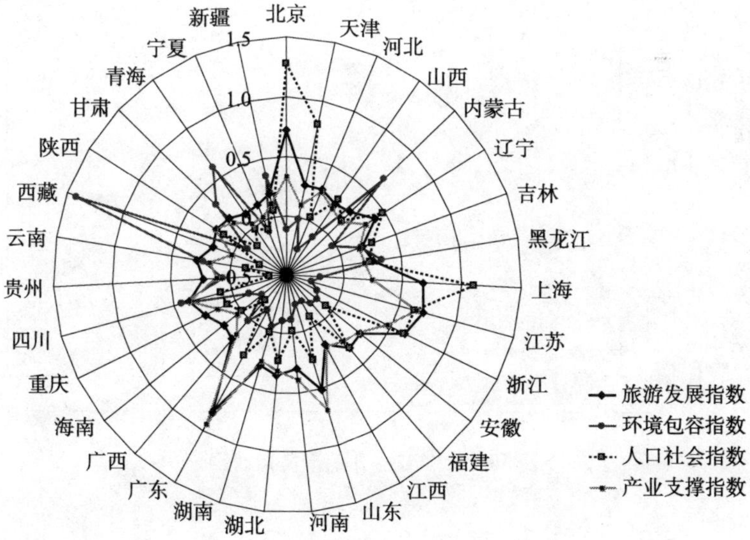

图 10-4　“环境包容视阈”旅游发展体系各指数值对比

10.5　环境包容视阈下各地区发展差异分析

10.5.1　聚类分析

聚类分析树状图见图 10－5。

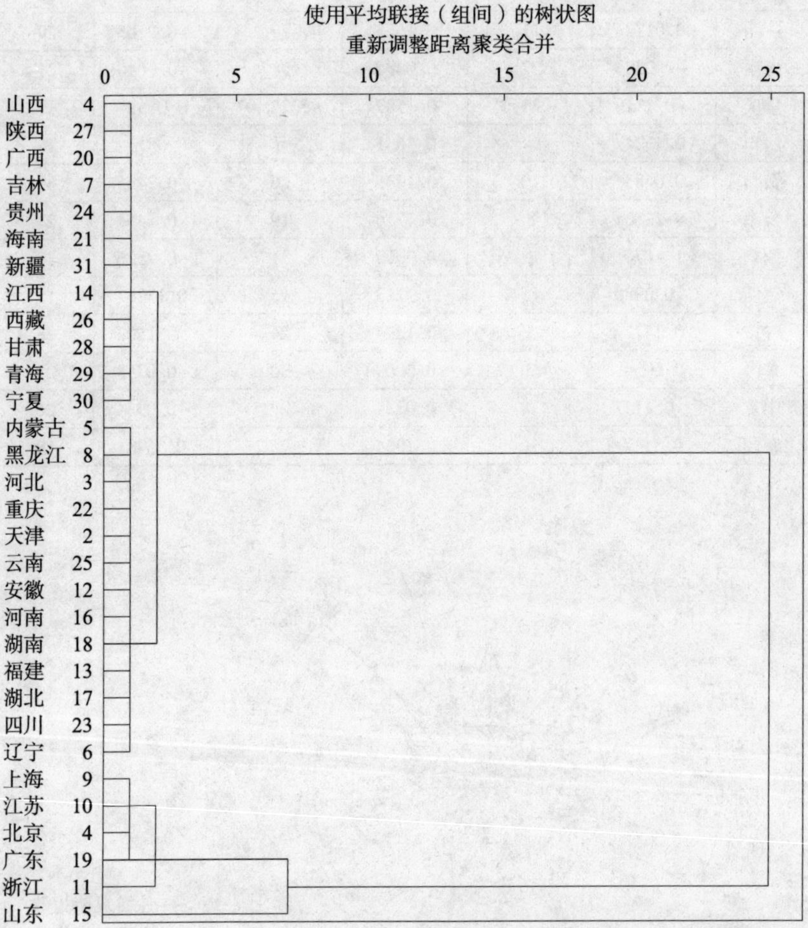

图 10－5　TDI－3 的聚类树状图

10.5.2 组内发展差异比较

锡尔系数是反映单元之间差异的系数。通过计算发现，旅游发展指数、环境包容指数、产业支撑指数和人口社会指数在组内差异最大的是第三梯队，其次是第一梯队，差异最小的是第二梯队（见表10－10）。可见，加大对落后地区的扶持对地区协调发展极其重要。在合计值中，环境包容值的锡尔系数最大，旅游发展指数的锡尔值最小，说明发展旅游有助于协调区域不平衡。

表10－10　TDI－3聚类表及锡尔系数表（组内差异）

	地区分布	TDI－3	环境包容指数	产业支撑指数	人口社会指数
第一梯队	上海、江苏、北京、广东、浙江、山东	0.0046	0.0874	0.0436	0.0307
第二梯队	内蒙古、黑龙江、河北、重庆、天津、云南、安徽、河南、湖南、福建、湖北、四川、辽宁	0.0040	0.0184	0.0301	0.0441
第三梯队	山西、陕西、广西、吉林、贵州、海南、新疆、江西、西藏、甘肃、青海、宁夏	0.0065	0.1804	0.0636	0.2612
合计		0.0151	0.4162	0.1373	0.3360

10.5.3 组间发展差异

通过计算组间的锡尔系数，环境包容指数总的组间差异最大，主要集中体现在第一梯队与其他组的差异最大。除环境包容指数外，第三梯队与其他梯队在旅游发展指数、产业支撑指数和人口社会指数的差异最大，而第一梯队与第二梯队之间的差距较小（见表10－11）。说明区域之间的分布不平衡主要集中在落后地区与其他地区之间的差异上。数据显示，在旅游科学发展所关注的几个方面，地区间已经出现了一定程度的马太效应，差距加大将影响旅游可持续发展。

表 10－11　TDI－3 聚类表及锡尔系数表（组间差异）

	地区分布	TDI－3	环境包容指数	产业支撑指数	人口社会指数
第一梯队	上海、江苏、北京、广东、浙江、山东	2.5214	18.5568	2.3705	2.6661
第二梯队	内蒙古、黑龙江、河北、重庆、天津、云南、安徽、河南、湖南、福建、湖北、四川、辽宁	2.5828	2.4269	2.4599	2.4949
第三梯队	山西、陕西、广西、吉林、贵州、海南、新疆、江西、西藏、甘肃、青海、宁夏	4.6247	1.8725	5.8257	4.4621
合计		9.7290	22.9561	10.6562	9.6231

10.5.4　总的发展差异

表 10－12　“环境包容”视阈下各维度锡尔系数比较

指数	锡尔系数 I（0）
TDI－3 指数	9.7441
环境包容指数	23.3723
产业支撑指数	10.7935
人口社会指数	9.9591

通过计算总的锡尔系数，发现旅游发展指数和人口社会指数的区域差异较为一致，产业支撑指数差异较大，环境包容指数的差异最大。

10.6　结构方程模型解释

10.6.1　旅游发展指数测量方程及解释

假设 λ_1、λ_2、λ_3分别为产业规模、产业地位和产业效益，ε 为

误差项或残差项，则旅游发展指数二级验证性因子方程如下：

$$\begin{cases} TDI = 0.4126\lambda_1 + 0.4062\lambda_2 + 0.1812\lambda_3 + \varepsilon_1 \\ \lambda_1 = 0.2112G_1 + 0.1761G_4 + 0.2032G_5 + 0.2135G_6 + 0.1961G_{14} + \varepsilon_2 \\ \lambda_2 = 0.3908G_2 + 0.6092G_{12} + \varepsilon_3 \\ \lambda_3 = 0.2862G_{16} + 0.2372G_{19} + 0.1905G_{21} + 0.2860G_{24} + \varepsilon_4 \end{cases} \tag{10-1}$$

旅游发展指数（TDI）用产业规模、产业地位、产业效益解释，解释力依次降低。其中，环境对规模的影响最大。这是因为旅游业是高度依赖自然资源和社会资源的产业，环境破坏对旅游业的整体规模影响较大。

10.6.2 产业支撑指数测量方程及解释

产业支撑指数可由社会消费品零售总额、清扫保洁面积、邮电业务总量、各地客运量、限额以上法定餐饮企业数、博物馆数量进行解释，解释力依次降低。

$$ISI = 0.1898G_{31} + 0.1844G_{33} + 0.1605G_{38} + 0.1793G_{40} + 0.1603G_{42} + 0.1257G_{48} + \varepsilon_5 \tag{10-2}$$

由此可见，旅游业受商业零售业、城市环境、交通能力、餐饮业发展和文化产业发展影响较大。只有将旅游业和其他第三产业密切融合、协调发展，才能达到共赢。

10.6.3 环境包容指数测量方程及解释

环境包容指数可由自然保护区占辖区面积比重、可利用草原面积、建成区绿化覆盖率和森林蓄积量解释，解释力依次降低。

$$ECI = 0.5006G_{45} + 0.5148G_{47} - 0.1470G_{53} + 0.4016G_{60} + \varepsilon_6 \tag{10-3}$$

其中，建成区绿化覆盖率与环境包容力成反向关系，从一定程度上表示人的活动范围对自然可持续发展形成负面影响。

10.6.4 人口社会指数测量方程及解释

人口社会指数可由人均地区生产总值、互联网普及率、每千人口医疗卫生机构床位数、每十万人口高等学校在校生数、城乡消费水平对比、人口自然增长率、艺术表演演映场次来解释，解释力依次降低。

$$PSI = 0.3387G_{28} + 0.2865G_{32} + 0.3344G_{41} + 0.2904G_{43} + 0.1541G_{49} - 0.2285G_{52} - 0.1756G_{54} + \varepsilon_7 \quad (10-4)$$

其中，人口自然增长率与旅游发展的人口社会条件成反向关系。说明保持一定程度的低的人口增长，可以提高人民的旅游环境和综合条件。

环境包容视阈下旅游发展的结构方程见图10-6。

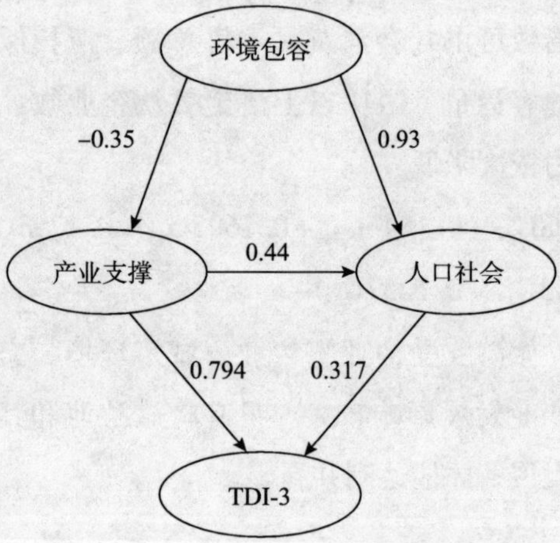

图10-6 环境包容视阈下旅游发展的结构方程

10.6.5 旅游测度体系结构方程模型结论

假设环境包容指数为 ξ_1，产业支撑指数为 ξ_2，人口社会指数为 ξ_3，旅游发展指数为 ξ_4，则结构方程如下：

$$\xi_2 = -0.35\xi_1 + \zeta_1$$

$$\xi_3 = 0.93\xi_1 + 0.44\xi_2 + \zeta_2 \tag{10-5}$$

$$\xi_4 = 0.794\xi_2 + 0.317\xi_3 + \zeta_3$$

对结构方程的解释为：环境视阈下的旅游发展指数（TDI－3）直接受产业支撑与人口社会条件的影响，其中，产业支撑的影响较大；间接受环境包容的影响。人口社会指数受产业支撑和环境包容影响，其中尤其受环境包容影响较大。产业支撑与环境包容成负向性，说明产业发展是以环境包容力下降为代价的，依靠规模扩张走的是一条不归路。发展旅游，要盘活现有已开发地区资源，提高劳动生产率和质量。

相对于人口社会条件而言，产业支撑条件对旅游发展指数的影响更大，说明人的全面进步和社会全面发展对旅游发展的影响是长时间和潜在的，也说明现有的旅游重量轻质的粗放增长现象；环境包容力对人口社会的影响力大于对产业支撑的影响力；产业支撑条件影响人的全面发展和社会全面进步，进而对旅游发展指数构成间接影响；环境包容能力通过产业支撑条件对人的全面发展和社会全面进步造成间接影响，间接影响力甚至高于直接影响力。在旅游发展中，产业要素扩张是以环境包容力下降为代价的。发展旅游要靠提高效率、效益、结构和质量，而不是靠铺摊子。盲目地扩张规模，就是吃子孙饭。

10.7 模型结论

结论1：环境包容力可由自然保护区占辖区面积比重、可利用草原面积、建成区绿化覆盖率和森林蓄积量解释，解释力依次降低。其中，建成区绿化覆盖率与环境包容力成反向关系，从一定程度上表示人的活动范围对自然可持续发展造成负面影响。

结论2：旅游产业的要素支撑力可由社会消费品零售总额、清扫保洁面积、邮电业务总量、各地客运量、限额以上法定餐饮企业数、博物馆数量进行解释，解释力依次降低。由此可见，旅游业受商业零售业、城市环境、交通能力、餐饮业发展和文化产业发展影响较大。只有将旅游业和其他第三产业密切融合、协调发展，才能达到共赢。

结论 3：旅游业发展的人口社会条件可由人均地区生产总值、互联网普及率、每千人口医疗卫生机构床位数、每十万人口高等学校在校生数、城乡消费水平对比、人口自然增长率来、艺术表演演映场次解释，解释力依次降低。其中人口自然增长率与旅游发展的人口社会条件成反向关系，说明保持一定程度的低的人口增长，可以提高人民的旅游环境和综合条件。

结论 4：旅游发展指数（TDI）依旧用产业规模、产业地位、产业效益解释，解释力依次降低。可见环境包容视阈下，环境对规模的影响最大。这是因为旅游业是高度依赖自然资源和社会资源的产业，环境破坏对旅游业的整体规模影响效果较大。其余解释因与第 9 章类似，暂略。

结论 5：相对于人口社会条件而言，产业支撑条件对旅游发展指数的影响更大。说明人的全面进步和社会全面发展对旅游发展的影响是长时间和潜在的，也说明现有的旅游重量轻质的粗放增长现象。

结论 6：环境包容力对人口社会的影响力大于对产业支撑的影响力。

结论 7：产业支撑条件影响人的全面发展和社会全面进步。进而对旅游发展指数构成间接影响。

结论 8：环境包容能力通过产业支撑条件对人的全面发展和社会全面进步造成间接影响。

结论 9：旅游科学发展考察的产业发展程度、市场成熟度和环境包容度在地区之间呈现较大差异，在组间比较发现，落后地区与其他地区相比显示出巨大差异，而在第二梯队中的组内差异较其他梯队要大。这种结果说明旅游发展过程中的地区差异已经比较明显，加强对落后地区的扶持和开发力度对均衡发展将起到至关重要的作用。

结论 10：在旅游发展中，产业要素扩张是以环境包容力下降为代价的。发展旅游要靠提高效率、效益、结构和质量，而不是靠铺摊子。盲目地扩张规模，就是吃子孙饭。

11 结论、建议及研究展望

旅游业在我国迎来了新的重要的发展时期。一方面，国民休闲意识和消费实力增强；另一方面，旅游产业规模不断扩大，旅游产品和服务的供给能力加强；还有一个重要方面，就是促进旅游业健康发展的制度和法律正在逐步完善。旅游发展需要理论指导，也需要政府规制，摆正发展思路，尊重合法权益，规制理论和规制工具的创新势在必行。除了各模型所得出的具体结论外，研究旅游科学发展理论和旅游测度过程还引发了一些深层次的思考，总结如下。

11.1 结论

11.1.1 旅游的公益性质高于产业定位

旅游是人的基本权利，公民的正当休息权益受法律保护，公共旅游资源归全体社会成员所有。公民在合法节假日、在属于自己的土地上自由地进行合理的旅游休闲活动应受法律保护。

作为一种特殊的生活状态，旅游是人们在快速发展和忙碌工作之余对“本我”寻求和“身心”修复的现代生活方式，是“修身养性”之道。适当的旅游休闲活动有利于人的身心健康与生活品质的提升。因此，旅游的科学发展关系到民生福祉，与人的全面发展密切相关，是社会文明与进步的快照。发展旅游首先是惠及百姓生活的“民生”问题，其次才是发展和带动经济的国家大计。

从人本主义观点出发，旅游业的建设目标首先不是“国家重要的战略性支柱产业”，而应该是“人民群众更加满意的现代服务业”。发展旅游的公益性质要高于它的产业定位。

11.1.2 旅游发展应在环境包容下从规模扩张转向效益提升

传统意义上，旅游业常被称为“无烟工业”“绿色产业”“环境友好产业”，是公认的资源消耗低，环境污染小的产业，应当优先发展。在某些角度看，旅游开发甚至还促进了区域环境保护和绿化工程，起到了良好的环保效果。还有些论断是借助旅游的发展促进生态环境的改善。

但是，就本书数据驱动模型提供的结果来看，旅游产业要素的增长是以环境包容力下降为代价的，而目前的增长方式，旅游发展指数的增加主要依靠要素规模的增长。旅游活动作为人的实践行为，扩张了人类在自然中的探索范围，人为形成的绿地和建成区绿化工程虽然在一定程度上弥补了景区开发中的环保“损失”，但是，相对于自然环境而言，人工绿地与天然的森林、草原、湿地等相比，环境活力和自净功能要小得多。旅游发展越迅速、旅游地产开发越积极、旅游活动范围越大对环境造成的消耗和负载力就越大。发展人工绿地和公园如果以天然环境自净功能为代价，就是破坏。所以，旅游活动终究还是一项会对环境造成负面影响的活动。

抛开数据驱动，就实际情况看，旅游开发规划经营过程中，常常为方便而利用自然天成的水面、森林、草原、山地等资源修建人工建筑接待游客，因此，会损失这部分地区的生态涵养能力和自净能力，甚至改变了这些地区的自然性状，造成新的自然力载荷分布，容易诱发塌方、冻雨、雾霭、尘霾、洪水、地震等自然灾害。另外，大量人的活动又在客观上带来更多的碳排放、固体废弃物、水电消耗、水体污染和大气污染，不文明的旅游行为还会造成景观破坏和动植物资源的损害。因此，扩大旅游规模，特别是深入到自然保护区、世界物质文化遗产和生态区大力发展旅游可能会成为对自然生态最大的破坏力。

基于以上的结论，旅游发展的规模并不是越大越好。需要考虑旅游发展规模与环境容量的匹配，合理规划旅游资源开发和旅游活动行为。因此，旅游发展应主要依赖质量、结构和效益的提升。在不造成更大的环境负荷基础上，合理规划发展路径，提高游客满意、提高产业效益应是未来旅游发展的主流导向。依靠铺摊子扩张旅游发展，得不偿失。目前，旅游业对要素增长的高度依赖特性应当有所转变。

11.1.3 旅游公共资源产权配置存在问题

除了模型所反映的情况外，旅游科学发展理论同样重视旅游公共产权配置的制度改革问题。旅游景区一般都是公共资源的国有或集体所有制产权，旅游企业通过授权的方式获得经营权。企业出于盈利目标，将公共资源独占经营，使得公众对公共资源的旅游权受到挤占。在经营中，为获取最大利润，企业收取高价门票和单独门票，加重了游客的经济负担。旺季无视接待能力和环境容量的超负荷运转，一方面加重了对旅游资源的消耗和毁损，另一方面也造成游客满意度的降低。

地方政府与企业在产权上形成的利益共谋取决于产权配置的制度问题。旅游企业经营收益部分形成了地方财政收入，因此，地方政府和企业容易形成利益同盟。高价门票虽然有的经过公开听证，但是自身在利益链上的身份，也势必会引导听证活动有利于企业，而不利于游客和民众。

公共资源本属于全体社会成员所有，现在却成为个别人牟取暴利的工具。对公共资源的产权界定和经营行为的限制应尽快列入法律和制度的正当规制中。

11.1.4　旅游发展地区差异应引起充分重视

由旅游发展指数所提供的旅游发展力空间分布信息提示，旅游发展的差异在地区之间分布不均衡，落后地区与发达地区的差异显著，应引起社会治理的高度重视。经济社会发展与人口社会环境的综合水平对区域旅游发展造成制约性的影响。“赢者通吃”的现象在旅游发展中表现明显。旅游发达地区同时也是经济社会发达地区，本身因经济社会发达而吸引了更多旅游资金、技术、信息、从业人员等要素和客源，而这些要素和市场又进一步促进了经济社会发展。反之，经济社会发展的落后地区虽然可能有独特的人文、自然旅游资源，但因交通不通达、接待能力有限、市政设施不能满足需求而得不到要素支撑，得不到客源支撑，发展旅游举步维艰。

旅游发展的地区差异将会引发“马太效应”。旅游发达地区将超负荷接待、人满为患；旅游落后地区也将长期享受不到旅游助益。长此以往，游客抱怨和基尼系数均会不断攀升。

在造成旅游发展差异的影响因素中，人口和社会因素的发展差异尤其突出。地区间在经济、人口素质和增长规模、教育、医疗卫生、城建设施和人文环境的巨大差异，既影响了旅游的协调发展，也影响了旅游的可持续发展。这应当引起公共管理者的高度重视，在政府配置公共资源方面、在财政和税收方面，应加大对后进地区的扶持；在倡导区域联合方面，应加强先进与后进地区的联合发展和结对帮扶力度。

11.2　规制建议

11.2.1　全社会正确认识旅游发展

对于公共管理者，应意识到游客满意才是产业发展的原动力，尽快立法界定产权问题和利益相关者责权利问题。加强旅游公共服务产品的提供，加强行业监管，探索密切的联合执法功能，保护游客合法权益。同时，应统筹人和自然和谐发展、人和社会和谐发展，在不形成大规模地破坏自然生态承载力和自净力的前提下，制定合理有序的旅游规划和区域规制的分类指导，提高资源的旅游产出和经济社会效益。在规划和开发中，注意处理好旅游的经济利益、社会利益和环境包容之间的关系。在区域协调发展方面，应配置更多的力量帮助人口社会发展后进地区加速发展，减少差距。

对于企业，应在合法经营的基础上，向旅游者提供更为满意的旅游产品和旅游服务。塑造良好的品牌和美誉度，扩大市场影响，减少环境占用与破坏，减少垄断经营的非合理得利，依靠提高效率和改善产品结构获得正当收益。

对于个人，应广泛认识到旅游行为对环境的负荷，在尊重自然规律的基础之上，倡导低碳旅游和绿色出行，减少固体废弃物产生，减少对水电能源的过度消费，做一个倡导健康生活、进步文化、学游天下的绿色使者，尽力保持旅游资源和旅游活动可持续发展。

11.2.2 制度保障明晰旅游产权

社会成员对公共旅游资源的使用权和收益权应该受到保护。公共旅游资源的所有权、经营权、收益权应该有更为合理的旅游专门法律加以配置。公共旅游资源的公益性定价应受公共监督和制度规范。

公共旅游资源归全体社会成员共同所有，为了共同福祉而让渡给公共管理机构代为管理。公共管理机构代行管理权，是要纠正市场失灵中的“公有地悲剧”，吸引资金和技术保护公有地环境和资源，保持旅游适度开发，方便公民休闲旅游，保证旅游资源可持续发展。这不等于公共管理机构能剥夺社会成员对公共旅游资源的使用权和收益权，更不等同默许授权企业经营获取远高于投资合理回报的暴利。企业可以获得投资公共事业的合理补偿，但不能改变公共旅游资源的公益化性质，更不能变成通过寻租获取独特资源的垄断性经营权利，进而依靠垄断经营牟取暴利的通道。把公共旅游资源变成盈利工具是对全体社会成员旅游权利的一种剥夺，通过简单投资而长期过度消耗旅游资源本身，更是错上加错。

对公共旅游资源进行产权界定和对公地旅游经营行为进行限制是对旅游立法的迫切需求。旅游的“战略性支柱产业地位”需要依靠合理的经营获取，而不能建立在剥夺和侵犯大多数公民正当旅游权和收益权的基础之上。

提倡更多公共旅游资源免费向社会公众限量、透明开放，将公共产权还利于民。这是旅游发展最大的“和谐”所在。

11.2.3 立法维护旅游利益相关者权益

旅游科学发展的机制是旅游利益相关主体享有长期的旅游收益。理想状态是旅游者的人身、财产和人格权益受到尊重，旅游从业人员享有合理的收入机制和就业保障机制，旅游投资者依法享有开发和投资收益权，旅游地居民可以参与旅游开发收益分享。

机制健康，发展才会有序。旅游者的合法休息权益、旅游权益和消费权益受到保护，旅游活动才会可持续发展；从业人员有正当的收入途径和合理的劳动报酬，才不会处心积虑依靠歪门邪道坑害游客利益；旅游地居民被侵占的生活居住权得到合理补偿且享有公平收益权，才会对远道而来的游客笑脸相迎。旅游和谐发展，对立法的期待相当迫切，并且要求相当“到位”。

11.2.4 公共管理者树立正确政绩观

对于公共管理者，工作重点应从以往推进大规模招商引资、大型重点项目建设的GDP导向，转移到旅游资源产权配置、旅游相关利益群体权益的制度保护、更多和更贴心的公共服务的提供、对非法经营的处理力度的加强、更多地反映各利益群体收益状况和满意状况的软性指标创建上来。

11.2.5 政府统筹旅游区域发展和城乡发展

统筹区域旅游发展。促进中、东、西区域间的合作与交流，建设区域旅游发展联盟，加强对中西部地区的旅游政策倾斜。优先引导资源丰富的民族地区、老工业基地、资源枯竭城市、边境城市发展旅游业。治理区域人口社会发展的差异迫在眉睫。对旅游发展程度不同的区域应实施不同的规制方法。后进地区允许以加快产业规模的建设和配套工程的完善为主要规制目标，旅游发展的先进地区则要以调结构、提效益和增加满意度为规制目标，限制对环境容量的占用，为子孙后代和资源可持续发展留下余地。

统筹城乡发展，建立城乡间的旅游联合发展计划。依靠旅游业将城市巨大的消费能力转化为农村的创收来源，增加对农业旅游的发展指导，增加对农村旅游服务人员的技能培训和就业培训，提高农民收入。重视扶持、引导和资助乡村旅游发展环境建设和基础设施建设，重视农村居民的旅游收益权。帮助乡村开发旅游产品和拓展乡村旅游消费市场，加大农民旅游就业培训与职业介绍，增加农民旅游经营收入、促进农业产业、生态产业和旅游业的融合，减少城乡之间的消费比和整体发展差距。

11.3 研究不足与研究展望

构建旅游科学发展测度体系是一项复杂的系统工程。借助软件技术进行旅游发展客观综合评价，是旅游研究的一个新的尝试。本书主要采用结构方程模型（SEM）和 AMOS 软件配合，进行数据驱动，得出结论。是否与实际情况相符，有待进一步验证。

11.3.1 旅游科学发展理论随实践不断深化

“旅游怎样发展才够科学”是一个长期不断摸索的问题。只要方向对，就不愁有正确的路径，“以人为本”的“全面”“协调”“可持续”发展应该就是方向，所有参与旅游活动的群体都能持久受益，应该就是目标。旅游发展是一项长期工程，需要理论指导。而理论也会随着旅游发展和变化不断提出的挑战而变得更加丰富。旅游发展理论和旅游发展实践形影相随，不断贴近。

11.3.2 旅游测度和监控机制先建立后完善

模型好坏的评判标准不一。拟合程度好的模型不一定是最合适的模型。拟合程度不好的模型也不一定是坏模型。建模的本质是想解释现实问题。本书的“旅游发展测度模型”经过无数次的调整和尝试后，目前有了这样的结论。但是，数据的选取和组合有无数种形式，可以继续完善理论和模型，以期获得更合理的理论与现实解释意义和更好的拟合效果。

指标的选取有一定的客观限制性。本书基于数据可得性，选取的指标仅限于《中国统计年鉴（2011）》《中国旅游统计年鉴（2011）》和中国旅游研究院发布的游客满意报告（2011）。这些指标之间有些存在统计技术可以鉴定出来的相关性，而相关性指标同时纳入体系会降低模型质量，甚至使模型陷入递归计算的死循环中。出于拟合性的要求，不得已将部分指标做了比较和取舍，使得指标总的解释能力降低。

客观赋权和客观评价相对于主观赋权和主观评价，更符合“科学”的要求。但是，技术要求是样本量越大，结果就越稳定。本书的研究对象是省、自治区和直辖市，样本量仅有31个。AMOS软件提供的贝叶斯估计可以降低样本需求。但是，31个样本依然对模型的稳定性会造成一定影响。

11.3.3 软性指标胜过硬性指标

本书所有指标均取自公开发布的各项数据，而且这些数据都可以精确计量。即使是游客满意度这样的主观性很强的数值也由在旅游研究中非常权威的中国旅游研究院提供。

但是，旅游发展的终极目的是大众共享旅游利益。游客享受物有所值的体验；居民享有良好的生活、休闲、居住和工作环境，并享有旅游带来的合理收益；企业享受旅游合法正当经营带来的经济利益；投资人享受旅游合法投资所带来的收益和回报。这些效用有的可以用硬性指标和数字说话，有的只是主观感受，难以测量或难以精确测量。

结构方程模型（SEM）和 AMOS 软件开放了这些无法精确测量的“软性”指标进入模型，而“软性”指标相比之下要更能体现“以人为本”的旅游发展“主旨”。如果有更多的精力和财力，可以试图增加主观指标，这对发展和完善“以人为本”的旅游“科学”发展测度体系将是“质”的提升。

11.3.4 累积数据尝试旅游发展的时间序列分析

旅游发展是一个渐进过程，横向比较能帮助我们看清区域发展差异，纵向比较能帮助我们看清发展路径和趋势，并进行合理预测。本书仅以截面数据反映了旅游发展体系的一个静态（以 2010 年为例）特征。更深一步的研究可以尝试使用时间序列数据，全面展示时间和区域两重维度的发展差异与变化。

参考文献

1. 经典著作

［1］阿瑟·刘易斯．经济增长理论［M］．周师铭，等译．北京：商务印书馆，2005.

［2］西蒙·库兹涅茨．现代经济增长：速度、结构与扩展［M］．戴睿，易诚，译．北京：北京经济学院出版社，1989.

［3］辛格．社会发展：最主要的增长部门［J］．国际发展评论，1965（3）：5.

［4］弗朗索瓦·佩鲁．新发展观［M］．张宁，丰子义，译．北京：华夏出版社，1987.

［5］汤姆·肯普．现代工业模式——苏、日及发展中国家［M］．许帮兴，王恩泽，译．北京：中国展望出版社，1985.

［6］恩格斯．反杜林论［M］．中共中央马克思恩格斯列宁斯大林著作编译局，译．北京：人民出版社，1976.

［7］马克思，恩格斯．马克思恩格斯全集：第3卷［M］．中共中央马克思恩格斯列宁斯大林著作编译局，译．北京：人民出版社，1995.

［8］马克思，恩格斯．马克思恩格斯全集：第23卷［M］．中共中央马克思恩格斯列宁斯大林著作编译局，译．北京：人民出版社，1972.

［9］Michael E Porter. The Competitive Advantage of Nations［M］. New York：Free Press，1990.

2. 一般著作

［10］田连波．旅游审美学［M］．郑州：河南大学出版社，1997.

［11］傅文伟．旅游资源评估与开发［M］．杭州：杭州大学出版社，1994.

［12］保继刚，楚义芳．旅游地理学（修订版）［M］．北京：高等教育出版

社，1999.

[13] 杨森林，郭鲁芳，王莹．中国旅游业国际竞争策略［M］．上海：立信会计出版社，1999.

[14] Hendee J, Stankey G, Lucas R C. Wilderness Management [M]. Golden: Fulcrum Press, 1990.

[15] Stokes Jerry. A Compilation of Articles on the Limits of Acceptable Change Planning Model [M]. Washington, D. C.: Office of Recreation, Heritage and Wilderness Resources, USDA Forest Service, 1993.

[16] Graefe A R, Kuss F R, Jerry J Vaske. Visitor Impact Management [M]. Washington, D. C.: National Parks and Recreation Assn, 1992.

[17] Stephen L J Smith. Tourism Analysis: Handbook (20ded) [M]. London: Longman, 1995.

[18] Martin Mowforth, Lan Munt. Tourism and Sustainability: New Tourism in the Third World [M]. London and New York: Routldedge, 1998.

[19] Cunningham W P, et al. Environmental Encyclopedia [M]. Changsha: Hunan Science & Technology Press, 2003.

[20] Middleton, Hawkins. Sustainable Tourism A Marketing Perspective [M]. Oxford: Butterworth Heinemann, 1998.

[21] Sofield, Trevor. Empowerment for sustainable tourism development [M]. Boston: Pergamon, 2003.

[22] Wackernage, Ress. Our Ecological Footprint Reducing Human Impact on the Earth [M]. Gabriela Island: New Society Publishers, 1996.

3. 期刊文献

[23] Maslow. Some theoretical consequences of basic need - gratification [J]. Joarnal of Personality, 1948, 16 (4): 402.

[24] 张凌云．国际上流行的旅游定义和概念综述——兼对旅游本质的再认识［J］．旅游学刊，2008，23（1）：86－90.

[25] 李广全，崔庠．旅游的研究方法及旅游本质的探讨［J］．旅游论坛，1999（s2）：32－34.

[26] 龙江智．从体验视角看旅游的本质及旅游学科体系的构建［J］．旅游学刊，2005，20（1）：21－26.

[27] 龙京红．旅游的本质及其二重性［J］．中国物价，2004（12）：41－42.

[28] 曹国新，宋修建．旅游的发生、发展及其本质———种基于发生学的考察［J］．华东师范大学学报：哲学社会科学版，2004，36（3）：116－120.

[29] 谢彦君．旅游的本质及其认识方法——从学科自觉的角度看［J］．旅游学刊，2010，25（1）：26－31.

[30] 王兆峰．区域旅游产业品牌竞争力评价指标体系构建研究［J］．当代财经，2007（10）：108－111.

[31] 岳川江，吴章文，郑天翔，等．滨海城市旅游竞争力评价研究［J］．自然资源学报，2010（5）：759－801.

[32] 孟祥伟，刘静，刘扬阳，等．保定旅游核心竞争力评价与对策研究［J］．河北工业大学学报，2010，39（1）：92－96.

[33] 张河清，喻彩霞．红色旅游核心竞争力评价体系研究［J］．经济地理，2009，29（3）：521－524.

[34] 苏伟忠，杨英宝，顾朝林．城市旅游竞争力评价初探［J］．旅游学刊，2003，18（3）：39－42.

[35] 汪德根，陈田．基于竞争力评价的区域旅游产业发展差异——以中国东部沿海三大旅游圈为例［J］．地理科学进展，2011，30（2）：249－256.

[36] 岳进，彭从友．中国24个旅游强市旅游产业集群竞争力评价与分析［J］．特区经济，2009（10）：160－162.

[37] 张秀卿．半干旱地带森林草原旅游地竞争力综合性评价——以呼和浩特市周边旅游地为例［J］．干旱区资源与环境，2009，23（11）：171－175.

[38] 严宽荣，张辉．城市旅游发展中相关者利益及协调策略分析［J］．城市发展研究，2009，16（5）：37－40.

[39] 周亚庆，潘丽君．基于旅游空间结构的城市旅游可持续发展研究［J］．商业研究，2010（9）：208－211.

[40] 胡北明，王挺之．旅游生态环境可持续发展与不同利益群体认知研究——九寨沟风景区生态旅游的社会认知差异分析［J］．西南民族大学学报：人文社科版，2010，31（5）：160－164.

[41] 翁钢民，杨秀平．国外旅游环境容量研究评述［J］．燕山大学学报：哲学社会科学版，2005，6（3）：39－43.

[42] 李利锋，郑度．区域可持续发展评价：进展与展望［J］．地理科学进展，

2002，21（3）：237－248.

[43] 姜英朝．河南省嵩山风景区旅游资源评价与可持续发展研究［J］．资源与产业，2009，11（2）：51－55.

[44] 冷幸，熊丽英．中国旅游业和谐发展的问题及对策研究［J］．经济研究导刊，2012（1）：158－159.

[45] 陈莎莎．浅论旅游产业可持续发展评价方法——基于层次分析法［J］．经营管理者，2010（2）：182－183.

[46] 吴耀宇，崔峰．南京市旅游经济与生态环境协调发展关系测度及分析［J］．旅游论坛，2012，5（2）：79－83.

[47] 魏后凯．中国地区间居民收入差异及其分解［J］．经济研究，1996（11）：66－73.

[48] 宋瑞．我国生态旅游利益相关者分析［J］．中国人口、资源与环境，2005，15（1）：36－41.

[49] Wackernagel, Onisto, Bello, et al. National nature capital accounting with the ecological footprint concept [J]. Ecological Economics, 1999, 29 (3): 375－390.

[50] Jia, Xie, Zheng, et al. Spatiotemporal comparative analysis of ecological footprint of Poyang Lake area and five river watersheds in Jiangxi Province [J]. Journal of Landscape Research, 2009, 1 (2): 25－28.

[51] Ree W E. Ecological footprint and appropriated carrying capacity: what urban economics leaves out [J]. Environment and Urbanization, 1992. 4 (2): 34－45.

[52] Vole, Sinclair. Measuring the ecological footprint of a Himalayan tourist center [J]. Mountain Research and Development, 2002, 22 (2): 132 － 141.

[53] A Collins. Tourism development and natural capital [J]. Annals of Tourism Research, 1999, 26 (1): 98－109.

[54] Stefan G, Carina B H, Oliver H, et al. Ecological footprint analysis as a tool to assess tourism sustainability [J]. Ecological Economics, 2002, 43 (2－3): 199－211.

[55] Ziene Mottiar. Holiday Home Owners, a Route to Sustainable Tourism Development－An Economic Analysis of Tourist Expenditure Data [J]. Journal of Sustainable Tourism, 2006, 14 (6): 582－599.

[56] Moore, Carter. Ecotourism in the 21st Century [J]. Tourism Management,

1993, 14 (2): 123 - 130.

[57] Wallace, Pierce. An evaluation of Ecotourism in Amazonas, Brazil [J]. Annals of Tourism Research, 1996, 23 (4): 843 - 873.

[58] Anne Drost. Developing Sustainable Tourism for World Heritage sites [J]. Annals of Tourism Research, 1996, 23 (2): 479 - 484.

[59] Erlet Cater. Environmental Contradictions in Sustainable Tourism [J]. The Geographical Journal, 1995, 161 (1): 21 - 28.

[60] Alavalapati, Adamowicz. Tourism Impact Modeling for Resource Extraction Regions [J]. Annals of Tourism Research, 2000, 27 (1): 188 - 202.

[61] Maureen G Reed. Power Relations and Community - based Tourism Planning [J]. Annals of Tourism Research, 1997, 24 (3): 566 - 591.

[62] Jansen - Verbeke, Ashworth. Environmental integration of recreation and tourism [J]. Annals of Tourism Research, 1990, 17 (4): 618 - 622.

[63] Orams. Towards a More Desirable Form of Ecotourism [J]. Tourism Management, 1995, 16 (1): 3 - 8.

[64] Ross, Wall1. Ecotourism: towards congruence between theory and practice [J]. Tourism Management, 1999, 20 (1): 123 - 132.

[65] James T G Ko. Assessing Progress of Tourism Sustainability [J]. Annals of Tourism Research, 2001, 28 (3): 817 - 820.

[66] Cao J, Chen X L, Huang Q, et al. On tourism ethics and sustainable development [J]. Journal of Landscape Research, 2009, 1 (4): 53 - 55.

[67] Wackernagel, Yount. Footprints for sustainability: the next steps [J]. Environment, Development and Sustainability, 2000, 2 (1): 23 - 44.

[68] Goodrich. A New Approach to Image Analysis through Multidimensional Scaling [J]. Journal of Travel Research, 1978, 16 (3): 3 - 7.

[69] Deviren M, Yuksel I. Developing a fuzzy analytic hierarchy process (AHP) model for behavior - based safety management [J]. Information Sciences, 2008, 178 (6): 1717 - 1733.

[70] Buckley R. An Ecological perspective on carrying capacity [J]. Annals of Tourism Research, 1999, 26 (3): 705 - 708.

[71] Getz D. Capacity to absorb tourism: concepts and implications for strategic plan-

ning [J]. Annals of Tourism Research, 1983, 10 (2): 239 - 263.

[72] Hunter. Sustainable tourism and the touristic ecological footprint [J]. Environment, Development and Sustainability, 2002, 4 (1): 7 - 20.

[73] Green H, Hunter C, Johnson P, et al. The environmental impact assessment of tourism development [J]. Perspectives on Tourism Policies, 1992, 16 (4): 269 - 275.

[74] O'Reilly A M. Tourism carrying capacity - concept and issues [J]. Tourism Management, 1986, 7 (4): 254 - 258.

4. 统计年鉴\研究报告\论文集\会议录

[75] 国家旅游局. 中国旅游统计年鉴 2011 [M]. 北京: 中国旅游出版社, 2011.

[76] 国家旅游局. 中国旅游统计年鉴 2011 (副本) [M]. 北京: 中国旅游出版社, 2012.

[77] Wall G. Carrying capacity [A]. JafarJafari (ed.). Encyclopedia of Tourism [C]. London and New York, Routledge: 2000, 72 - 73.

[78] Holiday footprint: A practical guide for responsible tourism [R]. Word Wild Fund, 2002.

[79] Wackernage M, Ress W. Our Ecological Footprint Reducing Human Impact on the Earth [C]. Gabriela Island: New Society Publishers, 1996.

[80] Megan Epler Wood. Ecotourism: Lessons Learned [C]. Remarks at Ecotourism Symposium Rosslyn, Virginia, February 21, 2003.

5. 学位论文

[81] Patterson T M. The ecological economics of sustainable tourism: local versus global ecological footprints in Valdi Merse, Italy [D]. The University of MarylandMarine, College Park, 2004.

[82] 沈虹. 旅游目的地竞争力评价指标体系研究 [D]. 华东师范大学, 2008.

[83] 李刚. 基于科学发展观的人的全面发展评价模型及实证研究 [D]. 大连理工大学, 2010.

[84] Peter A J. Exploring the ecological footprint of tourism in Ontario [D]. Waterloo, Ontario, Canada: University of Waterloo, 2003.

6. 电子文献

[85] 邵琪伟．旅游业目标是成为战略性支柱产业［EB/OL］．［2012－08－30］．http：//www. china. com. cn/travel/txt/2012－08/30/content_ 26381289. htm.

[86] 中共北京市委研究室 北京市旅游局．旅游产业作为世界第一大产业发展状况研究［EB/OL］．［2010－05－28］．http：//www. china. com. cn/travel/txt/2010－05/28/content_ 20138027. htm.

[87] 陈南江．以新的产业观和科学发展观指导旅游业发展［EB/OL］．［2009－02－05］．http：//www. cotsa. com/u/chennanjiang/Blog/t－317.

[88] 邵琪伟．邵琪伟在2009年全国旅游工作会议上的讲话［EB/OL］．［2009－02－05］．http：//www. cnta. gov. cn/html/2009－2/2009－2－5－9－49－67660. html.

[89] 邵琪伟．邵琪伟在2010年全国旅游工作会议上的讲话［EB/OL］．［2010－01－06］．http：//www. cntour2. com/viewnews/2010/1/29/0129101348_ 1. htm.

[90] 邵琪伟．国家旅游局局长邵琪伟在2011年全国旅游工作会议上的讲话［EB/OL］．［2011－01－18］．http：//finance. people. com. cn/GB/13761729. html.

[91] 邵琪伟．国家旅游局局长邵琪伟在2012年全国旅游工作会议上的讲话［EB/OL］．［2012－01－12］．http：//www. cnta. gov. cn/html/2012－1/2012－1－16－9－23－93087. html.

[92] IUCN. Barometer of Sustainability［EB/OL］．［1999－08－10］．http：//www. iucn. org/themes/eval/English/barometer/htm.

附　录

附录 1　旅游发展测度体系备选指标库（2010 年）

省、自治区、直辖市	旅游总收入	省会城市游客满意度	优秀旅游城市数	旅游企业固定资产原值	旅游业基本单位数	旅游从业人员数	搜索××旅游网页数	旅游就业人数占总就业人数百分比	旅游业总收入占地区生产总值比重	国际旅游收入占旅游业总收入比重	接待入境游客人天数增长率
	亿元		个	万元	家	人	页				%
北京	2768.0	81	1	6531913.35	1549	147335	41700000	0.0112	0.1961	0.1234	19
天津	1150.0	78	1	430268.16	409	22307	17300000	0.0043	0.1247	0.0836	19
河北	915.0	70	10	6668543.47	1346	37218	13600000	0.0010	0.0449	0.0260	18
山西	1083.5	72	5	685807.69	1010	50318	13000000	0.0030	0.1178	0.0291	22
内蒙古	732.0	77	11	595964.49	916	30499	9020000	0.0026	0.0627	0.0557	10
辽宁	2686.9	77	18	1949014.59	1577	57926	10400000	0.0026	0.1456	0.0569	21
吉林	725.0	70	7	834360.43	728	25754	9070000	0.0021	0.0836	0.0285	25
黑龙江	883.4	74	11	623753.27	847	24727	8760000	0.0014	0.0852	0.0585	21
上海	3053.2	81	1	3674095.10	1158	86052	11400000	0.0093	0.1779	0.1406	35
江苏	4685.0	83	28	2980076.92	2507	125980	13800000	0.0027	0.1131	0.0691	17
浙江	3312.6	76	27	3140991.96	2453	133229	14300000	0.0033	0.1195	0.0803	20
安徽	1151.0	73	10	1065477.29	1321	54497	13700000	0.0014	0.0931	0.0417	28
福建	1337.5	72	8	1236424.38	1092	69582	6490000	0.0032	0.0908	0.1512	16
江西	818.3	68	9	592517.83	980	33042	9100000	0.0014	0.0866	0.0286	14
山东	3058.8	72	35	3965250.52	2737	138309	5560000	0.0024	0.0781	0.0476	21
河南	2294.0	70	27	1097219.73	1455	65786	16500000	0.0011	0.0993	0.0147	14

续表

省、自治区、直辖市	旅游总收入	省会城市游客满意度	优秀旅游城市数	旅游企业固定资产原值	旅游业基本单位数	旅游从业人员数	搜索××旅游网页数	旅游就业人数占总就业人数百分比	旅游业总收入占地区生产总值比重	国际旅游收入占旅游业总收入比重	接待入境游客人天数增长率
亿元		个	万元	家	人	页				%	
湖北	1460.5	75	12	1448127.18	1386	59550	13300000	0.0019	0.0915	0.0348	42
湖南	1425.8	71	12	1487285.40	1114	69926	16100000	0.0017	0.0889	0.0430	32
广东	3804.1	76	21	4861204.97	2255	221776	15400000	0.0038	0.0827	0.2204	23
广西	953.0	71	12	961828.12	807	48291	13200000	0.0016	0.0996	0.0573	24
海南	257.6	71	5	1009525.52	485	30719	13200000	0.0069	0.1248	0.0846	15
重庆	918.0	74	1	792435.81	625	42162	13600000	0.0022	0.1158	0.0518	41
四川	1886.1	80	21	1617116.87	1125	61559	6570000	0.0012	0.1097	0.0127	26
贵州	1061.2	74	7	319484.66	585	23572	3800000	0.0010	0.2306	0.0083	9
云南	1006.8	73	7	1382291.26	1091	53103	11700000	0.0019	0.1394	0.0890	13
西藏	69.3	75	1	244557.30	183	5867	7420000	0.0034	0.1366	0.1016	30
陕西	984.0	70	6	1061061.82	865	50733	13000000	0.0026	0.0972	0.0699	34
甘肃	237.0	69	9	584219.85	663	31532	4380000	0.0022	0.0575	0.0043	23
青海	71.0	71	2	158753.80	302	9993	7840000	0.0034	0.0526	0.0191	35
宁夏	67.8	71	1	214892.45	143	8609	6390000	0.0026	0.0401	0.0060	36
新疆	300.0	71	13	1118054.93	792	38272	4470000	0.0045	0.0552	0.0417	36

省、自治区、直辖市	旅行社实缴税金	旅行社旅游业务毛利率	接待入境游客人天数	星级饭店全员劳动生产率	平均客房出租率	旅行社利润率	星级酒店人均实现利润	旅行社全员劳动生产率	旅行社人均实现利税	旅行社人均实现利润	旅行社人均固定资产原值
	万元	%	人天	万元/人	%	%	万元/人				万元
北京	201530	4.74	20505230	198.56	56.63	0.05	1.03	200.78	1.01	9.51	8.31
天津	19922	5.81	6805128	131.87	50.68	0.06	0.72	42.07	0.43	2.44	10.86
河北	28057	5.53	2255978	91.61	57.51	0.06	0.51	43.54	0.47	2.41	9.89
山西	17487	5.09	2445608	87.85	59.49	0.05	0.47	26.72	0.22	1.36	1.92
内蒙古	14644	6.52	3356685	103.67	55.67	0.07	0.51	31.89	0.34	2.08	2.50
辽宁	42161	4.53	11095429	127.90	57.98	0.05	0.66	78.01	0.63	3.53	4.03
吉林	20708	13.85	1725133	117.56	55.70	0.14	0.59	34.49	0.73	4.78	3.44
黑龙江	32626	5.73	3769758	94.66	49.48	0.06	0.50	57.19	0.85	3.27	9.09
上海	202847	4.91	25778245	272.74	65.35	0.05	1.42	183.77	1.25	9.03	3.91
江苏	181153	6.00	27433741	150.02	61.24	0.06	0.80	97.82	0.96	5.87	5.71
浙江	183213	5.40	18607120	203.65	62.90	0.05	0.91	92.64	0.83	5.00	4.37

续表

省、自治区、直辖市	旅行社实缴税金	旅行社旅游业务毛利率	接待入境游客人天数	星级饭店全员劳动生产率	平均客房出租率	旅行社利润率	星级酒店人均实现利润	旅行社全员劳动生产率	旅行社人均实现利税	旅行社人均实现利润	旅行社人均固定资产原值
	万元	%	人天	万元/人	%	%	万元/人				万元
安徽	59475	5. 71	3898060	108. 60	58. 89	0. 06	0. 58	47. 13	0. 65	2. 69	5. 59
福建	72116	4. 54	15923332	121. 43	63. 14	0. 05	0. 69	71. 19	0. 68	3. 23	5. 30
江西	15294	3. 32	2220246	91. 23	60. 18	0. 03	0. 49	39. 26	0. 33	1. 30	2. 00
山东	129767	6. 29	10880194	119. 40	66. 66	0. 06	0. 61	55. 41	0. 68	3. 49	18. 70
河南	63628	10. 56	2902936	91. 95	62. 40	0. 11	0. 49	57. 38	0. 68	6. 06	15. 06
湖北	92983	7. 50	3750746	96. 87	62. 78	0. 07	0. 50	41. 71	0. 65	3. 13	27. 09
湖南	57993	3. 60	4731994	112. 19	71. 38	0. 04	0. 56	85. 87	0. 53	3. 09	3. 51
广东	299758	5. 70	69347700	134. 38	57. 57	0. 06	0. 77	105. 62	0. 90	6. 02	4. 35
广西	15237	7. 25	4350987	92. 41	62. 12	0. 07	0. 50	58. 02	0. 26	4. 20	3. 89
海南	11656	4. 77	1810741	141. 47	59. 65	0. 05	0. 75	56. 47	0. 23	2. 69	2. 00
重庆	54918	3. 23	4182290	109. 53	58. 61	0. 03	0. 58	83. 03	0. 83	2. 68	8. 08
四川	26955	2. 57	1981900	118. 82	64. 67	0. 03	0. 64	52. 90	0. 41	1. 36	4. 15
贵州	5650	3. 73	713897	86. 75	62. 99	0. 04	0. 48	49. 92	0. 25	1. 86	2. 44
云南	43163	3. 48	6151998	87. 90	54. 89	0. 03	0. 50	60. 14	0. 38	2. 09	4. 18
西藏	2122	7. 49	584503	77. 49	43. 62	0. 07	0. 39	52. 18	0. 40	3. 91	10. 10
陕西	15052	3. 86	5567957	104. 07	61. 75	0. 04	0. 53	53. 17	0. 23	2. 05	1. 82
甘肃	45862	13. 71	101498	72. 52	54. 57	0. 14	0. 38	52. 79	1. 82	7. 24	6. 32
青海	1927	6. 64	135816	80. 14	45. 34	0. 07	0. 44	17. 17	0. 10	1. 14	2. 31
宁夏	2637	2. 89	38608	89. 56	56. 47	0. 03	0. 44	56. 52	0. 29	1. 63	1. 78
新疆	8540	4. 43	1069605	111. 49	60. 72	0. 04	0. 62	52. 30	0. 37	2. 04	10. 30

省、自治区、直辖市	森林蓄积量	星级酒店利润率	星级酒店人均固定资产总值	旅行社数量增长率	旅游总收入增长率	人均地区生产总值	城镇居民人均可支配收入	旅游CPI	社会消费品零售总额	每十万人口高等学校在校生数	人均公园绿地面积
	万立方米	%	万元	%	%	元	元		亿元	人	平方米
北京	1038. 58	2. 60	49. 98	3. 43	13. 30	75943	29072. 93	102. 6	6229. 3	6196	11. 28
天津	198. 89	(6. 40)	21. 52	10. 32	21. 00	72994	24292. 60	101. 3	2902. 6	4412	8. 56
河北	8374. 08	(11. 42)	25. 60	2. 87	29. 00	28668	16263. 43	106. 6	6821. 8	1951	14. 23
山西	7643. 67	(2. 96)	15. 82	1. 48	21. 39	26283	15647. 66	99. 1	3318. 2	2132	9. 36
内蒙古	117720. 51	0. 08	22. 31	9. 90	19. 00	47347	17698. 15	100. 6	3384. 0	1884	12. 36

续表

省、自治区、直辖市	森林蓄积量	星级酒店利润率	星级酒店人均固定资产总值	旅行社数量增长率	旅游总收入增长率	人均地区生产总值	城镇居民人均可支配收入	旅游CPI	社会消费品零售总额	每十万人口高等学校在校生数	人均公园绿地面积
	万立方米	%	万元	%	%	元	元		亿元	人	平方米
辽宁	20226.85	(6.46)	37.50	3.15	20.70	42355	17712.58	105.8	6887.6	2671	10.21
吉林	84412.29	(7.15)	35.97	(4.40)	25.00	31599	15411.47	99.4	3504.9	2716	10.27
黑龙江	152104.96	1.21	28.18	9.47	35.93	27076	13856.51	95.5	4039.2	2447	11.27
上海	100.95	13.79	51.70	(0.69)	30.30	76074	31838.08	115.9	6070.5	4300	6.97
江苏	3501.75	(0.75)	26.80	5.93	23.40	52840	22944.26	107.3	13606.8	2819	13.29
浙江	17223.14	3.71	27.42	9.19	25.30	51711	27359.02	109.6	10245.4	2285	11.05
安徽	13755.41	3.15	22.38	6.73	27.00	20888	15788.17	103.5	4197.7	1841	10.95
福建	48436.28	4.44	20.03	4.66	18.10	40025	21781.31	105.3	5310.0	2144	10.99
江西	39529.64	0.03	20.55	4.95	21.12	21253	15481.12	101.4	2956.2	2162	13.04
山东	6338.53	1.56	30.27	2.22	24.70	41106	19945.83	101.4	14620.3	2202	15.84
河南	12936.12	(4.19)	16.95	4.18	15.50	24446	15930.26	103.7	8004.2	1839	8.65
湖北	20942.49	1.70	23.45	5.08	45.40	27906	16058.37	102.0	7013.9	2906	9.62
湖南	34906.67	1.85	24.54	9.13	29.68	24719	16565.70	104.1	5839.5	2051	8.89
广东	30183.37	4.09	25.01	14.93	23.98	44736	23897.80	104.0	17458.4	2037	13.29
广西	46875.18	(3.25)	22.11	(1.38)	36.00	20219	17063.89	103.3	3312.0	1530	9.83
海南	7274.23	14.20	38.97	26.69	20.47	23831	15581.05	105.2	639.3	2036	11.22
重庆	11331.85	1.03	20.80	5.57	31.00	27596	17532.43	112.5	2938.6	2413	13.24
四川	159572.37	2.27	28.92	9.61	28.10	21182	15461.16	104.2	6810.1	1790	10.19
贵州	24007.96	5.87	14.72	10.13	31.79	13119	14142.74	106.2	1482.7	1109	7.33
云南	155380.09	0.71	31.94	9.71	24.17	15752	16064.54	98.5	2500.1	1391	9.30
西藏	224550.91	2.67	44.79	(2.50)	32.80	17319	14980.47	107.5	185.3	1373	5.78
陕西	33820.54	(0.66)	23.77	9.16	28.10	27133	15695.21	108.9	3195.7	3208	10.67
甘肃	19363.83	(1.76)	19.59	2.33	22.95	16133	13188.55	103.4	1394.5	1882	8.12
青海	3915.64	(2.18)	19.22	0.51	18.10	24115	13854.99	102.3	350.8	1119	8.53
宁夏	492.14	(6.32)	27.70	(2.27)	26.90	26860	15344.49	104.4	403.6	1868	16.18
新疆	30100.54	(2.04)	30.56	(10.24)	60.42	25034	13643.77	105.2	1375.1	1467	8.61

续表

省、自治区、直辖市	每万人拥有公共厕所	省会城市空气质量达到二级以上天数占全年比重	人均城市道路面积	各地区客运量	私人载客汽车拥有量	邮电业务总量	互联网普及率	限额以上餐饮企业法人数	每千人口医疗卫生机构床位数	森林覆盖率	可利用草原面积	湿地面积占国土面积比重
	座	%	平方米	万人	万辆	亿元	%	个	床	%	千顷	%
北京	3.54	78.40	5.57	135045	363.13	1227.34	69.4	2137	7.35	31.72	336.3	1.93
天津	2.01	84.40	14.89	24525	112.99	433.30	52.7	391	4.93	8.24	135.4	14.95
河北	4.22	87.40	17.35	90847	323.27	1351.30	31.2	358	3.42	22.29	4085.3	5.82
山西	3.32	83.30	10.66	38424	154.14	735.93	36.5	490	4.49	14.12	4552.0	3.19
内蒙古	4.73	95.60	14.89	24043	115.59	601.37	30.8	454	3.81	20.00	63591.1	3.66
辽宁	2.99	90.10	11.19	101525	170.75	1171.63	44.4	666	4.80	35.13	3239.3	8.37
吉林	4.53	93.40	12.39	64486	94.20	613.17	32.2	209	4.22	38.93	4379.0	6.37
黑龙江	6.56	85.80	10.00	46895	110.24	745.58	29.5	237	4.16	42.39	6081.7	9.49
上海	2.62	92.10	4.04	10233	103.57	1275.24	64.5	1279	7.44	9.41	37.3	53.68
江苏	3.75	82.70	21.26	226073	383.94	2328.76	42.8	1555	3.61	10.48	325.7	16.32
浙江	4.01	86.00	16.70	226946	376.53	2101.84	53.8	1003	3.88	57.41	2075.2	7.88
安徽	2.55	84.90	16.01	159388	107.82	887.55	22.7	593	2.75	26.06	1485.2	4.73
福建	2.64	96.20	12.58	75798	122.57	1214.39	50.9	552	3.20	63.10	1957.1	3.65
江西	2.17	94.00	13.77	76447	69.63	692.00	20.2	353	2.66	58.32	3847.6	5.99
山东	2.05	84.40	22.23	249358	485.36	1960.68	35.2	3133	4.01	16.72	1329.2	11.72
河南	3.32	87.10	10.25	167223	244.76	1473.45	25.5	1373	3.03	20.16	4043.3	3.74
湖北	2.91	77.80	14.08	103268	115.37	1039.03	33.3	882	3.26	31.14	5071.5	4.99
湖南	2.35	92.60	12.95	156404	130.65	1057.99	27.3	534	3.30	44.76	5666.3	5.79
广东	2.06	97.80	12.69	456139	536.79	4553.38	55.3	2292	3.52	49.44	2677.2	7.86
广西	1.76	95.60	14.31	75751	88.01	821.89	25.2	192	2.70	52.71	6500.3	2.76
海南	1.73	100.00	13.81	44209	21.57	224.66	35.1	101	2.90	51.98	843.3	9.13
重庆	1.55	85.20	9.37	126066	59.86	581.30	34.6	554	3.14	34.85	1867.2	0.52
四川	2.93	86.60	11.84	241868	234.22	1450.69	24.4	878	3.35	34.31	17753.1	1.98
贵州	2.21	94.00	6.65	70819	64.14	512.47	19.8	134	2.51	31.61	3759.7	0.45
云南	2.26	100.00	10.90	39407	135.87	773.04	22.3	180	3.47	47.50	11925.6	0.61
西藏	4.16	98.90	13.25	8165	6.28	64.34	27.9	6	3.01	11.91	70846.8	4.26
陕西	3.13	83.30	13.38	93171	121.01	857.24	34.3	678	3.67	37.26	4349.2	1.42
甘肃	2.17	61.10	12.20	53771	36.74	423.15	24.8	206	3.33	10.42	16071.6	2.80
青海	4.65	85.50	11.42	10951	14.37	114.30	33.6	34	3.72	4.57	31530.7	5.72
宁夏	4.18	91.00	17.35	13560	21.14	135.20	28.0	88	3.68	9.84	2625.6	3.85
新疆	3.23	72.90	13.19	31937	64.98	555.95	37.9	53	5.37	4.02	45902.2	0.86

续表

省、自治区、直辖市	自然保护区占辖区面积比重	博物馆数量	艺术表演演映场次	三次产业贡献率	最终消费率	城乡消费水平对比	建成区绿化覆盖率	人口自然增长率	旅游总收入增长率	旅行社数量增长率	社会消费品零售总额增长率	社会保障就业财政支出	交通事故死亡人数
	%	个	场	%	%	%	%	%	%	%	%	亿元	人
北京	8.0	41	10350	75.1	56.0	2.1	37.0	3.07	13.30	3.43	17.3	275.90	974
天津	8.1	18	2344	46.0	38.3	2.6	32.1	2.60	21.00	10.32	19.4	137.74	950
河北	3.1	65	3740	34.9	40.8	3.5	42.7	6.81	29.00	2.87	18.3	358.78	2693
山西	7.4	89	8392	37.1	43.8	2.7	38.0	5.30	21.39	1.48	18.1	274.46	2449
内蒙古	11.7	54	1985	36.1	39.5	3.7	33.4	3.76	19.00	9.90	18.5	292.44	1375
辽宁	12.5	61	3310	37.1	40.5	3.0	39.3	0.42	20.70	3.15	18.5	578.84	2129
吉林	12.3	57	1158	35.9	41.1	2.8	34.1	2.03	25.00	(4.40)	18.5	253.36	1454
黑龙江	14.1	76	1729	37.2	53.1	2.7	34.9	2.32	35.93	9.47	18.7	306.06	1395
上海	5.2	27	7845	57.3	54.9	2.5	39.2	1.98	30.30	(0.69)	17.3	362.56	1009
江苏	4.1	213	19214	41.4	41.6	2.2	42.1	2.85	23.40	5.93	18.5	364.48	5031
浙江	1.5	100	17434	43.5	45.7	2.4	38.3	4.73	25.30	9.19	18.8	206.39	5382
安徽	3.6	120	2516	33.9	50.3	3.0	37.5	6.75	27.00	6.73	19.0	334.15	2877
福建	3.2	94	2636	39.7	42.6	2.6	41.0	6.11	18.10	4.66	18.5	148.24	2822
江西	6.7	108	1772	33.0	47.5	2.9	46.6	7.66	21.12	4.95	19.0	233.02	1603
山东	4.9	114	5291	36.6	39.1	3.1	41.5	5.39	24.70	2.22	18.3	416.77	4268
河南	4.4	111	3613	28.6	44.2	3.4	36.6	4.95	15.50	4.18	18.6	461.22	1825
湖北	5.2	120	7722	37.9	45.7	2.9	37.7	4.34	45.40	5.08	18.3	368.42	1944
湖南	5.9	81	3189	39.7	47.4	3.3	36.6	6.40	29.68	9.13	18.8	396.40	2162
广东	7.0	169	8939	45.0	46.7	4.0	41.3	6.97	23.98	14.93	17.2	469.58	6203
广西	6.0	64	1360	35.4	50.7	3.9	35.0	8.65	36.00	(1.38)	18.7	217.07	2342
海南	7.0	16	1104	46.2	46.2	3.0	42.6	8.98	20.47	26.69	18.9	73.80	471
重庆	9.9	37	5831	3.6.4	48.1	4.2	40.6	2.77	31.00	5.57	18.5	236.98	1017
四川	18.4	108	3787	35.1	50.1	2.8	37.9	2.31	28.10	9.61	18.3	513.65	2931
贵州	5.4	59	339	47.3	62.7	4.2	29.6	7.41	31.79	10.13	18.9	140.76	1136
云南	7.8	120	1387	40.0	59.4	3.5	37.3	6.54	24.17	9.71	21.9	304.69	1886
西藏	34.0	2	687	54.2	64.3	4.0	25.4	10.25	32.80	(2.50)	18.3	31.91	409
陕西	5.6	106	2180	36.4	45.3	3.8	38.3	3.72	28.10	9.16	18.4	315.61	1944
甘肃	16.2	102	571	37.3	59.1	4.0	27.1	6.03	22.95	2.33	17.9	215.09	1506
青海	30.2	18	594	34.9	53.0	3.2	29.4	8.63	18.10	0.51	16.8	189.50	573
宁夏	9.8	6	340	41.6	48.8	3.8	38.8	9.04	26.90	(2.27)	19.0	35.03	442
新疆	13.0	71	1070	32.5	52.7	3.5	36.4	10.56	60.42	(10.24)	16.8	166.40	2023

注：以上指标来源于《中国旅游统计年鉴（2011）》《中国统计年鉴（2011）》和中国旅游研究院相关报告。数值带括号的是负值。

附录2　第9章和第10章测量变量编号表

G1 旅游总收入	G34 人均公园绿地面积
G2 省会城市游客满意度	G35 每万人拥有公共厕所
G3 优秀旅游城市数	G36 省会空气质量二级比重
G4 旅游企业固定资产原值	G37 人均城市道路面积
G5 旅游业基本单位数	G38 各地区客运量
G6 旅游从业人员数	G39 私人载客汽车拥有量
G7 搜索××旅游网页数	G40 邮电业务总量
G8 旅游就业人数占总就业人数百分比	G41 互联网普及率
G9 旅游业总收入占地区生产总值比重	G42 限额以上餐饮企业法人数
G10 国际旅游收入占旅游业总收入比重	G43 每千人口医疗卫生机构床位数
G11 旅游在校学生人数	G44 森林覆盖率
G12 旅行社实缴税金	G45 可利用草原面积
G13 旅行社旅游业务毛利率	G46 湿地面积占国土面积比重
G14 接待入境游客人天数	G47 自然保护区占辖区面积比重
G15 接待入境游客人天数增长率	G48 博物馆数量
G16 星级饭店全员劳动生产率	G49 艺术表演演映场次
G17 平均客房出租率	G50 三次产业贡献率
G18 旅行社利润率	G51 最终消费率
G19 旅行社全员劳动生产率	G52 城乡消费水平对比
G20 旅行社人均实现利税	G53 建成区绿化覆盖率
G21 旅行社人均实现利润	G54 人口自然增长率
G22 旅行社人均固定资产原值	G55 旅游总收入增长率
G23 星级酒店利润率	G56 旅行社数量增长率
G24 星级酒店人均实现利润	G57 社会消费品零售总额增长率
G25 星级酒店人均固定资产总值	G58 社会保障就业财政支出
G26 旅游总收入增长率	G59 交通事故死亡人数
G27 旅行社数量增长率	G60 森林蓄积量
G28 人均地区生产总值	G61 旅游业与农业的关联系数
G29 城镇居民人均可支配收入	G62 旅游业与工业的关联系数
G30 旅游 CPI	G63 旅游业与保险业的关联系数
G31 社会消费品零售总额	G64 旅游业与餐饮业的关联系数
G32 每十万人口高等学校在校生数	G65 旅游业与零售业的关联系数
G33 清扫保洁面积	G66 旅游业与交通运输业的关联系数

致 谢

论文终于写完了。困惑与艰辛交给历史，理论启蒙、精心指导、亲切关怀铭记心头。

首先，发自心底深深感激我尊敬的导师陆跃祥教授。从论文多次换题、到最后选定题目、拟订提纲、辅导写作，到最后论文修改定稿，过程反反复复，陆老师始终给予最耐心、最豁达、最平和、最一语中的的指导。这对处于选题茫然、理论畏惧和技术恐慌中的人来说，如春风般温暖和春雨般滋润。老师对最初写作方案的质疑令我硬着头皮迅速学会了多项软件技术，及时到位的点拨使我顿悟了理论知识上的空白。指导的目的是加快进步，陆老师使用了最有效、最受学生爱戴的方式。

衷心感谢北京师范大学经济与工商管理学院的各位任课教师，特别是白暴力老师、沈越老师、袁强老师、张永林老师、罗楚亮老师、杨晓维老师，辛勤指导终于将一个工学学士、应用经济学硕士拉进了理论经济学的领域。

衷心感谢东城区旅游委李雪敏主任、尹广枢书记、陈健副主任、宋叙副主任、时任张礼副主任、刘敏科长和众多同事们，业务上的指导和生活中的关心，让我对旅游业的发展和管理有了与书本理论完全不同的深入认知。

衷心感谢上百位论文和著作的作者们，虽然素昧平生，但帮助已经由你及我。

衷心感谢知识产权出版社的各位老师，特别是蔡虹老师、韩冰老师和孙婷婷老师，她们指出了论文在交付前的不少工作失误和文字错漏，使论文变得更加严密。她们科学严谨的治学态度和踏实认真的工作作风令人非常钦佩，也令我非常赧颜。各位老师为我树立了很好的榜样和努力方向。感谢封面设计邵建文老师。再次向为本书出版付出辛勤劳动的老师们致敬！向他们妙手焕新颜的神奇工作致敬！

本书受“北京联合大学学术著作出版基金”资助，感谢学校相关专家和科研处同事的指导和帮助。

最后，感谢父母、家人、朋友对我在时间和精神双重紧张期间的万分包容。感谢领导和同事为我创造的学习条件。

本书在很多方面还存在不少问题和瑕疵，欢迎各位同仁不吝指正，感谢读者赐教。

荆艳峰

2015 年 4 月